ろう理容師たちの
ライフストーリー

吉岡佳子 著

目次

第1章 はじめに
　　　―耳の聞こえない人が床屋さんに？！ 1

第2章 ろう理容師たちを取り巻く世界 9
　1. ろう理容師の定義　　　　　　　　　　　　　　　　　9
　2. 手話　　　　　　　　　　　　　　　　　　　　　　11
　3.「障害者」、「ろう者」はどのように捉えられてきたか　　12
　　3.1 医学モデル　　　　　　　　　　　　　　　　　　12
　　3.2 社会モデル　　　　　　　　　　　　　　　　　　13
　　3.3 文化言語モデル　　　　　　　　　　　　　　　　14
　　3.4 集団モデルならびに集団社会モデル　　　　　　　17
　　3.5 医学モデルと社会モデルの対比　　　　　　　　　17
　　3.6 社会モデルと文化言語モデルとの比較　　　　　　18
　　3.7 集団モデルならびに集団社会モデルについて　　　20
　4. ろう教育・ろう学校　　　　　　　　　　　　　　　　22
　　4.1 手話・口話論争　　　　　　　　　　　　　　　　22
　　4.2 手話禁止・口話教育一辺倒の時期　　　　　　　　23
　　4.3 手話の再評価　　　　　　　　　　　　　　　　　26
　5. ろう学校理容科の設置とその推移　　　　　　　　　　27

第3章 ろう理容師たちとの邂逅と交流 39
　1. 質的研究法　　　　　　　　　　　　　　　　　　　　39
　2. エスノグラフィー　　　　　　　　　　　　　　　　　40

3. ライフストーリー・インタビュー　42
　　3.1 調査協力者　44
　　3.2 手話によるインタビューの翻訳と文章化　45
　　3.3 調査者のポジショニング　50
4. 店舗観察　54
5. その他の調査　54
6. 研究倫理　54

第 4 章 ろう学校での体験
　　　―口話教育の厳しさ・懐かしい理容科での思い出 57
1. ライフストーリー・インタビュー　57
　　1.1 それぞれの生い立ちとろう学校入学　57
　　1.2 理容科への進学　69
　　1.3 国家試験　75
2. 現在のろう学校理容科　80
3. まとめと考察　82

第 5 章 店舗におけるコミュニケーション実践
　　　―使えるものはなんでも使う！ 87
1. ライフストーリー・インタビュー　87
　　1.1 首都圏在住の清田さんの場合　87
　　1.2 舘野さんの語る群馬県の状況　90
　　1.3 店舗での接客　91
2.3 店舗における観察　98
　　2.1 高レベルの技術とサービスを低価格で提供
　　　　―真間三男理容室　99
　　2.2 長年にわたる常連客と過ごすゆったりと流れる時間
　　　　―理容タチバナ　112

2.3 ディプロマのプライドが輝くユニセックス・ヘア・サロン

　　　―ヨシアキの店　　　　　　　　　　　　　　　　　　　122

3. アンケート調査　　　　　　　　　　　　　　　　　　　136

4. まとめと考察　　　　　　　　　　　　　　　　　　　　137

　　4.1 筆談　　　　　　　　　　　　　　　　　　　　　138

　　4.2 写真・イラスト等　　　　　　　　　　　　　　　138

　　4.3 口話　　　　　　　　　　　　　　　　　　　　　139

　　4.4 身ぶり　　　　　　　　　　　　　　　　　　　　139

　　4.5 手話　　　　　　　　　　　　　　　　　　　　　140

　　4.6 客からの歩み寄り　　　　　　　　　　　　　　　140

　　4.7 客のコメント　　　　　　　　　　　　　　　　　141

　　4.8 その他　　　　　　　　　　　　　　　　　　　　142

　　4.9 コミュニケーション実践の総括　　　　　　　　　143

第6章 全国ろうあ理容連盟（全ろ理連）の軌跡

　　　―世界でも類を見ないろう理容師集団 147

1. 概説　　　　　　　　　　　　　　　　　　　　　　　147

2. 全国ろうあ理容連盟結成までの流れ　　　　　　　　　148

　　2.1 ろう学校理容科　　　　　　　　　　　　　　　　148

　　2.2 各地の卒業生によるろう理容師の団体の結成　　　149

　　2.3 地域を超えた連携　　　　　　　　　　　　　　　151

3. 全国ろうあ理容連盟設立　　　　　　　　　　　　　　154

4. 関連団体　　　　　　　　　　　　　　　　　　　　　155

　　4.1 全国理容生活衛生同業組合連合会（全理連）　　　155

　　4.2 全日本ろうあ連盟（全日ろう連）　　　　　　　　155

　　4.3 全国聾学校理容科・美容科研究協議会　　　　　　156

5. 全国ろうあ理容連盟の活動経過　　　　　　　　　　　157

　　5.1 全国ろう理容師大会　　　　　　　　　　　　　　157

5.2 全国ろう理容競技大会　　　　　　　　　　　　160

　　5.3 野球・ソフトボール大会等　　　　　　　　　162

　　5.4 全国ろうあ理容連盟の活動時期と現況　　　163

　6. まとめと考察　　　　　　　　　　　　　　　　170

　　6.1 全国ろうあ理容連盟外部からの捉え方

　　　　―医学モデルの視点から　　　　　　　　　170

　　6.2 全国ろうあ理容連盟内での捉え方

　　　　―社会モデル・文化言語モデルの視点から　172

　　6.3 「デフフッド」に基づくソリダリティ

　　　　―集団モデル・集団社会モデルの視点へ　　175

第7章 おわりに―ろう理容師たちの遂行したもの 187

　1. ろう理容師を対象とする質的調査から判明した点

　　―視点①からのまとめ　　　　　　　　　　　188

　　1.1 ろう学校理容科

　　　　―ライフストーリー・インタビューにおける語り　188

　　1.2 就業現場におけるコミュニケーション実践　190

　2. ろう学校理容科と口話教育―視点②からのまとめ　193

　3. 全国ろうあ理容連盟の位置づけ―視点③からのまとめ　197

　4. 多文化共生社会の中で　　　　　　　　　　　199

　　4.1 双方からの歩み寄りによるコミュニケーション

　　　　―コミュニケーション・アコモデーション理論の視点から　199

　　4.2 「やさしい日本語」　　　　　　　　　　　203

　5. 今後への展望　　　　　　　　　　　　　　204

あとがき 209

参考文献等 213

巻末資料：アンケート用紙 223

索引 225

第1章

はじめに
―耳の聞こえない人が床屋さんに？！

　ろう者の中に、理容師という職業で生計を立てているひとびとが存在することは、一般にはあまり知られてはいない。しかし、全国各地のろう学校には理容科が設置され、多数の卒業生たちが理容業を営んできた。理容という職業には客とのコミュニケーションが必須であり、客のほとんどは聴者であることから、一見すると、ろう者に不適であるかに思える。にもかかわらず理容科がろう学校に設置された理由はなにか？　また、ろう理容師たちはどのようにして客との意志疎通を図ってきたのか？　本書はこのような疑問点に応えることを目指す。

　「理髪、結髪」は聴力を比較的使わずに自立できる職種として、実際には洋の東西を問わず古くからろう者の仕事の一つとされてきた。たとえば、アメリカ教育省特殊教育部において、ろう者の立場から字幕付きメディアの開発等の要職についていた Hairston(2008)は、ろう学校在学時に教師に大学進学を勧められるまでは理容の仕事をするつもりであり、その理由として「理容師は独立したビジネスマンであり、収入が良く立派な車に乗ってぱりっとした身なりをしている」ことを挙げている[1]。また、2010 年に世界ろう連盟(World Federation of the Deaf：WFD)の Jokinen 理事長とともに朝鮮民主主義人民共和国を訪問した Grund(2010)は、現地においてろう理容師と懇談したことを報告している。さらに、筆者が 2009 年に訪問したカメルーンのバファンろう学校では、職業訓練コースに縫製・木工・自転車修理と並んで理容が取り入れられ

ていた。

全国聾学校理容科・美容科研究協議会(2013)によれば、日本では、昭和8年(1933)、徳島県立盲聾唖学校に最初の理髪科が設置された。その設置目的の一つは、口話教育[2]の意義の周知を図り、その成果をろう者の就労に活かそうとの試みにあった。それ以降、多くの都道府県のろう学校に理容科が設置され多数の卒業生を輩出した。彼らは全国各地で理容店を開業している。こうした卒業生たちは、昭和44年(1969)に「我々全国の聴覚障害理容師は、緊密なる連携のもとにますます組織の強化と団結を図り、相互の協力と親睦を通して自らの障害を克服し、我が国の完全なる社会福祉制度の実現と聴覚障害者に対する偏見の是正を目標にして平和なる福祉国家の建設に寄与せんことをここに宣言する(第1回全国ろう理容師大会における大会宣言より)」との目的を掲げて「全国ろうあ理容連盟」(以下同連盟が使用する略称に倣い「全ろ理連」と呼ぶ)を結成し、以来約50年間にわたり活発に活動してきた。

本書の目的ならびに期待される成果を以下の3点から論じる。

①ろう者の中でも理容師という特定の職業に従事するひとびとを対象として選択し、かつ質的調査の手法を用いて研究すること。
②ろう学校理容科設立目的の一つに挙げられる口話教育の成果の有無および限界について、当事者による就業現場でのコミュニケーション実践の視点から分析ならびに考察すること。
③ろう理容師各個人が語るストーリーと並列して、全ろ理連の結成と活動経過を辿り、その集団としての結束や要求行動を解明することにより、言語的少数者としての一つのモデルケースを提示すること。

以下、各点について説明する。

まず、①の視点について述べる。Stokoe(1960)がアメリカ手話を分析

した結果、音声言語における音素と同様の機能を有する構成要素が存在することを発見して以来、手話に関して音韻論、形態論、統語論といった言語学の基本を成す視点からの研究に加え、世界中の様々な地域における手話言語やその変種の報告、タイポロジー、意味論、語用論の分野に属する研究等が多数なされてきた。さらに、言語獲得やろう教育に関しては、長年におよぶ口話法と手話法とをめぐる論争、バイリンガル・バイカルチュラル教育の提唱、さらには近年の人工内耳の急速な普及との関連等注目を集める問題点が数多く存在するため、脳科学や社会学の視点からも活発な議論が続いている。

こうした分野とは対照的に、ろう者の職業に関する研究や調査はさほど多くはない。国内におけるろう者の就労についての全体的な動向は、厚生労働省が実施する身体障害児・者実態調査(2006)や、各ろう学校が発表する卒業生の進路報告等の統計資料により、ある程度まで把握することは可能である。この分野における数少ない先行研究・調査の例は、次の通りである。

坂本(2011)は、ろう学校高等部卒業生の進路や職業安定所に登録する障害者の統計資料および上記の厚生労働省の調査にもとづいて、聴覚障害者の進学と就労について報告している。坂本は、その調査を通じて、聴覚障害関連統計資料の不備および政策形成における実証的な観点から制度を分析するという視点の欠落が鮮明となったと述べている。岩山(2013)は、統計データに基づいて、聴覚障害者の職場定着の不安定さと企業における聴覚障害者採用の減少傾向を指摘し、実情に即した包括的な就労支援体制の整備を提唱する。水野(2007)は、聴覚障害者を雇用している上場企業を対象にアンケート調査を実施し、聴覚障害者がコミュニケーションを円滑に行うことのできる働きやすい職場環境をつくるために必要な要素として、「企業によるコミュニケーション支援」と「社員の理解促進」の2点を挙げている。原(2011)は、手話通訳等の制度の整備に加え、新たな視点からろう者と聴者との文化的差異を考慮に入れ

たアプローチによる就労支援の必要性を指摘する。また、岡山県立岡山
聾学校の元教師である森・齋藤(2013)は、同校の卒業生の職場や地域社
会を巡ってその実態を調査し、報告書を出版した。同書は同校卒業生全
体を対象とし、その中には理容科卒業生が営む 104 の理容店が紹介され
ている。

　本書はろう理容師というこれまでアカデミックな関心が払われなかっ
た対象に関するものである。上記の先行研究においては、おもに企業に
就職するという形態でのろう者の就労が取り上げられており、その職場
における聴者である上司・同僚・部下とのコミュニケーションについて
の考察がなされている。いっぽう、本書では店舗におけるろう理容師と
聴者である客とのコミュニケーションを調査するものであり、先行研究
における状況との相違点として、以下が挙げられる。

- コミュニケーション内容が視覚要素の強い理容作業にほぼ限定され
  る(理容業がろう者に適しているとされる大きな理由の一つ)。
- 聴者との関係について、企業就労の場における上司等との関わり
  とは異なり個々の客との接触時間が短い(常連客の場合も、来店
  頻度は 1–2 ヶ月に一度であり、かつ 1 回の接客は 1–2 時間に限ら
  れる)。
- 客と接客側という立場が非対称的である。

　また、本書は現場に身を置いてその実態を捉える質的観点に立つ研究
に基づく。すなわち、理容師という職業の選択、理容科での学習や国家
試験に向けての対策、卒業後における実社会の中でのマジョリティであ
る聴者と遜色のない修業や店舗経営等、人生の重要な局面や日常生活の
中での思いを、それぞれの調査協力者たちに語ってもらうことにより、
統計等の量的手法を用いた数値的なデータとは異なるかたちで、職業人
としてのろう理容師像を明確にする。こうした視点から、本書はろう者

の就労についても新たな切り口からの知見を提供できる。

　次に、視点②に立って本書の独自性を説明する。上述のように、ろう学校理容科には、口話教育の成果を社会にアピールする役割が課せられていた。いっぽう、手話を禁じた口話教育は抑圧的施策であるとして糾弾の声が多いのも周知のとおりである。本書の調査協力者ならびにアンケート回答者は、口話教育全盛期といえる1940年代から1980年代にかけてろう学校に在籍した当事者である。彼らが、聴者である客とのコミュニケーションをどのように実践し、口話教育をどう評価しているのかを捉えることにより、本書はろう教育に関しても新たな論点を提供することができるのではないか。さらに、聴者と日常的に付き合う理容という職業を選択したろう者が、聴者である客やさらには地域社会と円滑に交流している状況を明らかにすることは、多様なひとびとがともに暮らす共生社会の一つのモデルの提示につながる。

　続いて、③の視点から本書の独自性を論じるにあたり、まず、ろう者についての捉え方を概説する。障害学では、障害を個人の有する一定の心身機能の恒久的な欠損または異常とするインペアメント（impairment）と捉える医学モデルの観点と、障害を社会環境により課せられたディスアビリティ（disability）と捉える「社会モデル」の観点がある。

　医学モデルの視点からは、障害（インペアメント）とはそれを有する個人に帰するものであり、該当するひとびとは治療・リハビリテーション・教育等を受けることにより、可能な限り障害を減じ正常とされる障害のない状態に近づくことが当然の課題とされる。

　いっぽう1960年代以降、障害者自身による医学モデルへの批判から、これに対峙する社会モデルが提唱された。社会モデルの視点からは、障害（ディスアビリティ）とは性や人種と同様に自然な差異の一つであり、問題の解決に必要とされるのは障害を有するひとびとが感じるバリアの解消を通じた誰にとってもアクセスしやすい社会の構築である。

さらに、ろう者については障害者の範疇とはまったく別に手話という独自の言語を有する言語的少数者であるとの Ladd(2003：日本語訳59–61)が定義する文化言語モデルの観点が存在する。同様の観点から、日本では木村・市田(1995/2000)が「ろう文化宣言」において「ろう者」の定義を医学モデルの視点から文化言語モデルの視点へとシフトさせる宣言を行った。

　亀井(2008)は、医学モデルならびに社会モデルにおける問題設定がいずれも個人を単位とすることを指摘し、これに替わる概念として集団モデルの視座を提唱する。さらに、田門(2012)は集団モデルから集団社会モデルへの展開を試みる。

　こうした問題提起はそれぞれ示唆に富むものであり、本書の枠組みを構築するうえで大きな影響を与えた。これらのモデルにおいては、いずれも個人もしくはろう者全体(すなわち所定の国や地域で生活する全ろう者によって構成されるろうコミュニティ)を対象として考察がなされている。いっぽう、本書はろう者の中でも対象を理容師に限定するものであり、調査協力者であるろう理容師各個人と、集団としての全ろ理連(すなわちより小規模に区分された職業を基盤とするろうコミュニティ)とについての考察を行う。

　本書は、全ろ理連に関する最初の研究報告である。そもそも全ろ理連結成の活動は、技術研修や管理理容師資格認定講習会において手話通訳をつけよとの要求に端を発している。すなわち、全ろ理連の結成を目指した若いろう理容師たちは、社会モデルや集団モデルの概念が提唱され始めるはるか以前の昭和 30 年代(1950 年代)から、これらのモデルの概念の具現化ともいえるバリア解消を旗印に運動を開始し、その後も一貫して情報保障の要求をアピールし続けてきた。また、彼らが作り上げてきた全ろ理連という集団は、血縁や地縁を超えたろう者としての連帯感が同窓生や同業者としての絆によってさらに強固に結びついた、まさにろう文化の具体例であると受け止めることができる。

上に述べた「障害イコール個人的不幸」との視点からの脱却と新たな位置づけおよび命名による可視化の達成をもたらしたものは、自己主張や情報発信を活発に継続してきた当事者集団の存在であり、全ろ理連もその一つに挙げられる。言い換えれば、本書では医学モデルの否定から社会モデル・文化言語モデルを経て集団モデル・集団社会モデルに至る、社会の中でのろう者の位置づけの変遷についての理論構築の流れを裏付けるろう者自身による実践の具体例として、全ろ理連を提示する。

　本書の構成は以下の通りである。まず第1章である本章では、本書の目的と期待される成果を述べた。第2章では、本書において重要となる背景として基本的な概念を先行研究を紹介しながら説明する。第3章では、本書において選択する研究方法と調査対象について上述の研究背景を参照しながら具体的に記す。第4章では、実際の調査事例を紹介することにより、ろう学校での体験や国家試験受験等について調査協力者たちの生の語りを報告する。また、現在のろう学校理容科の例を挙げ、その状況を報告するとともに、調査協力者たちの時代と比較考察する。第5章では、卒業後の就労と自身の店舗の開店の体験について、第4章と同様に調査協力者たちの生の語りを紹介するとともに、実際の店舗における筆者による観察を報告する。さらに、その結果を踏まえて、ろう理容師と聴者である客との現場でのコミュニケーションの実践を考察する。またその中で、ろう学校における口話教育が及ぼす影響について、当事者の意見や現場での事例に基づいて検証する。第6章では、全ろ理連について、同連盟がこれまでに発行してきた資料の調査およびその設立や活動に関わって来た関係者へのインタビューを基軸にした報告を行う。さらに、同連盟の活動軌跡から、言語的少数者であるろう理容師集団としての同連盟が、聴者が大多数を占める社会の中でどのように捉えられてきたかについて、上述の各モデルの概念を援用し、より広範囲のろう者集団の社会における位置づけと関連づけた考察を行う。最後に第7章では、本書を総括するとともに、今後に向けた展望を述べる。

1 Hairston がギャローテッド大学を卒業したのが 1961 年であるため、これは 1950
  年代におけるアメリカの状況と思われる。

2 ろう児に音声による発話訓練と相手の口型の読み取り（読話）を習得させることによ
  り音声言語獲得を目指す教育法。その後、補聴器の性能の進歩にともない、ろう児
  の残存聴覚の活用を目的に加えた「聴覚口話教育」とも呼ばれるようになった。

第 2 章

ろう理容師たちを取り巻く世界

1. ろう理容師の定義

　身体障害者福祉法施行規則[1]に定められている身体障害者障害程度等級表によれば、両耳の聴力レベルがそれぞれ 100 デシベル以上の状態を「両耳全ろう」と呼ぶ。しかし、現在では「ろう」、「ろう者」という表現は、聴力に基づく医学的な分類とは別に、手話言語を話し独自の文化を持つひとびとを指す意味で使用され、聞こえないという特性のみに着目した「聴覚障害者」という呼称とは視点を異にする。松岡（2015）によれば、ろう者は、成育歴や家庭環境によって次のように分類される[2]。

> [DofD (Deaf of Deaf)] 親がろう者、本人もろう者、つまり「デフファミリーの出身」のろう者です。生まれた時から日本手話で育てられ、日本手話を母語とするネイティブサイナーです。
>
> [DofH (Deaf of Hearing)] 手話を使わない聴の親に育てられ、手話に接することが遅れたろう者です。手話を習得した DofH は、手話の習得時期により「早期手話話者（アーリーサイナー）」「後期手話話者（レイトサイナー）」に分かれます。DofH の主たるコミュニケーション手段は人によって異なります。日本の場合は、日本手話を使う人・手指日本語（日本語対応手話）を使う人・その両方の特徴が部分的に含まれた混成手話（中間手話）を使う人がいます。手話を習得せず、筆談や口話を使ってコミュニケーションをとる人もいま

す。 (松岡 2015: 8)

　本書の調査協力者 8 名は、全員が聴者の親を持つ DofH であり[3]、その成育歴や手話習得時期は多岐にわたる。出生時からもしくは生後まもなく失聴したため音を認識した体験がなく、幼稚部や小学校 1 年という早い時期にろう学校に入学し、その時点から手話に接してきた人（真間三男さん（以下真間（三）さんと表記）、井上健さん、西島伸夫さん、山本直弘さん）、また、就学前に失聴したが家庭の方針等により小学校は普通校で過ごし、中学部からろう学校に入学して手話を覚えた人（真間政子さん（以下真間（政）さんと表記）、清田蜜男さん、望月良晃さん）や、中学校 2 年で事故により失聴するまでは聴者として過ごし、中学校卒業後にろう学校に入学した人（舘野弘さん）もいる。人間の言語習得における臨界期を次に引用する Pinker（1994）の見解に倣って 6 歳と想定すると、真間（三）さん、井上さん、西島さん、山本さんは早期手話話者であり、いっぽう、真間（政）さん、清田さん、望月さん、舘野さん、は後期手話話者と捉えることができる[4]。

　6 歳までは確実に言語を獲得できるが、それ以後は確実性が徐々に薄れ、思春期を過ぎると完璧にマスターする例はごくまれになる。学齢に達するころから脳の代謝活動やニューロンの数が衰退するとか、代謝活動やシナプスの数が思春期前後に最低レベルに達して以後横ばいになるとかいった成熟に伴う変化が、原因として考えられる。子どもは脳の左半球に損傷を受けても、言語を習得したり回復することができる。手術によって除去した場合でさえ、（正常なレベルにはやや及ばないが）習得、回復が可能である。大人が同様の損傷を受けると、生涯、失語症から回復できないことが多い。

（Pinker 1994：日本語版（下）98）

調査協力者たちは全員ろう学校理容科の卒業生であり、全ろ理連や居住地域でのろうコミュニティのメンバーとして活動している。また、後期手話話者である調査協力者も、その配偶者はいずれもろう者であり、調査協力者自身が第一言語[5]として手話を用いて日常生活を送っている。

こうした状況に鑑み、本書における「ろう理容師」とは、「**自己認識に基づいてろう者としてのライフを送っている理容師**」を意味し、失聴年齢、手話習得時期、残存聴力のレベル等には拘泥しない。

2. 手話

近年、日本手話の文法の分析や日本手話と日本語対応手話との対比についての議論が活発になされている（木村 2011; 岡・赤堀 2011; 斉藤 2016 等）。

日本手話（Japanese Sign Language: JSL）と日本語対応手話（手指日本語）とは、モダリティの面から捉えると手指動作を中心とする視覚記号で発話されるという共通点を有する。しかし、言語学的には両者はその骨子となるラング（＝文法）が異なるため、全く別の言語とみなされる。すなわち、日本手話は音声日本語とは別の文法に基づく独自の言語である。そこでは、手指動作に加え NM（Non-manual Markers）と呼ばれる手指以外を用いた記号も文法要素として使用される。これに対して、日本語対応手話では音声日本語の構造に合わせて手指により単語を表出する。したがって、日本語対応手話はモダリティとしては手指動作を使用するが、日本語の文法に基づいた日本語の変種の一つとみなすことができ、そこでは音声日本語の発話を伴うバイモダルな表現が見られることも多い[6]。

こうした状況を踏まえ、本書では「手話」という語を日本手話という意味で使用し、日本語対応手話について述べる際には、逐次その旨言及することによりこれと区別する。

3.「障害者」、「ろう者」はどのように捉えられてきたか

　ここでは、障害者やろう者が社会の中でどのように捉えられてきたか、その観点の変遷について述べたうえで、本書の枠組みについて言及する。

　障害は、古くは悲劇的で不幸な状態と捉えられてきた。障害を有するひとびとは、救いの手を差し伸べられるべき気の毒な存在とみなされ、そのケアは家族内やあるいは宗教活動の一環としての慈善事業に委ねられてきた。

　杉野（2014）によれば、社会全体で障害を考察する視点に立つ障害研究がスタートしたのは1920年代であり、そのきっかけとなったのは第一次世界大戦において負傷した元兵士に対する公的施策の必要性であった。

　障害学の初期においては、障害とは心身機能の恒久的な欠損または異常（インペアメント）であり個人に帰するものとみなされてきた。その後、障害を社会環境により課せられたディスアビリティと捉える社会モデルが提唱された。この観点からは、従来の捉え方は医学モデル（個人モデルとも呼ばれる）と名付けられ、対立する存在とされる。また、ろう者については障害者の範疇とはまったく別に、ろう者とは手話という独自の言語を有する言語的少数者であるとの文化言語モデルの観点が存在する。これらに加えて、ろう者各個人ではなく、集団としてのろうコミュニティに着眼した集団モデルおよび集団社会モデルという概念も提唱されている。まず、各モデルを概説する。

3.1 医学モデル

　障害学の研究は、長年にわたって、医学、障害児教育、福祉といった分野の自身は障害を持たない専門家によって担われてきた。医学モデルの視点からは、障害とはそれを有する個人に帰するものであり、該当するひとびとは治療・リハビリテーション・教育等を受けることにより、可能な限り障害を減じ、いわゆる正常な（障害のない）状態に近づくこと

が当然の課題とされる。

　医学モデルにおいては、障害を有するひとびとは専門家の指導のもとにより、社会に適応できるよう努めるべき存在である。

3.2 社会モデル

　1960年代以降、障害者自身から、こうした医学モデルに対する糾弾の声が上がるようになった。1972年には、イギリスにおいてFinkelsteinらを中心として障害者のみで構成されるUnion of the Physically Impaired Against Segregation（隔離に反対する身体障害者連盟：UPIAS）が設立された。Oliver（1996/2009）によれば、UPIASは上記の医学モデルに対抗する障害の基本原理として次のような社会モデルを提唱する。

　身体的機能障害を有するひとびと（physically impaired people）から能力を奪っている（disables）のは社会であるというのが、私たちの見解である。ディスアビリティとは、私たちを社会への完全参加から不要に孤立させ排除することによって、私たちのインペアメントに頭越しに課せられたものである。したがって、障害者（disabled people）とは社会的に抑圧された集団である。このことを理解するには、身体的機能障害を意味するインペアメントと、こうしたインペアメントを有するひとびとが置かれる社会的状況であるディスアビリティとの違いを把握する必要がある。私たちの定義によれば、インペアメントとは、四肢の部分的または全体的欠損や四肢・器官・身体メカニズムになんらかの欠落がある状態を指す。いっぽう、ディスアビリティとは、身体的インペアメントを有するひとびとに課せられた不利益や活動の制約を意味する。こうした不利益や制約を生み出しているのは、身体的インペアメントを有するひとびとに対して、全くあるいはほとんど配慮を行うことなく彼らを社会活動

> の主流から締め出している現代の社会組織である。したがって、身体的ディスアビリティは社会的抑圧の形態の一つである。
>
> (Oliver 1996/2009: 42, 訳筆者)

Abberley(1987)が指摘するように、障害者と人種差別(racism)や性差別(sexism)等の社会的抑圧を課せられた集団との間には類似性が存在し、障害者差別(disablism)という語が用いられるようになった。社会モデルの視点からは、障害(ディスアビリティ)とは性や人種と同様に自然な差異の一つであり、幸不幸や良否を問われるものではない。それに関わる問題の解決に必要とされるのは、治療や個人的努力ではなく、障害を有するひとびとが感じるバリアの解消を通じた、誰にとってもアクセスしやすい社会の構築である。

3.3 文化言語モデル

Stokoe(1960)は、アメリカ手話を分析した結果、音声言語における音素と同様の機能を有する構成要素が存在することを発見し、今日の手話言語学の基礎を築いたとされる。Stokoe(1969)は、手話が音声言語と同等の独立した言語であるとの立場から、障害学ではなく社会言語学的観点から Ferguson によるダイグロシアのモデルをろう者に適用した考察を発表している。ダイグロシアとは二言語併用社会とも呼ばれ、二つの言語(またはその変種)がそれぞれ独自の機能を有し、状況に応じて使い分けられる社会を意味する。この二言語(変種)の中で、社会的に権威がより高い方を H 変種(high variety)、他方を L 変種(low variety)と呼ぶ。Stokoe(1969)によれば、デフ・コミュニティでのダイグロシアにおいては、H 変種は英語(ただし口頭で話されるのではなく、指文字で綴られるかもしくは手話単語として発話される[7])であり、教会や講義等のフォーマルな場で使用される。いっぽう、L 変種はアメリカ手話[8](American Sign Language: ASL)であり、親しい会話等で用いられる。

聴覚機能のインペアメントを意味する「聴覚障害者」という表現とは異なる「ろう者」という語は、共通言語である手話を有する文化的ならびに言語的少数者を意味する。こうした文化人類学的視点に立つ文化言語モデルの捉え方は、1970年代にすでに Erting(1978)によって提唱されている。Erting はアメリカ社会におけるろう者の状況を次のように述べる。

> 聞こえないということは、聴者で組織される社会においては身体的障害でありハンディキャップである。しかしながらより重要なのは、聞こえないこと自体が人類学者がエスニシティとよぶものに類似した社会組織を形成している点である。(中略)驚くべきことに、ろう者のエスニック・グループを形成する最大の指標はデシベルで測る(客観的基準としての)聴力ではなく、言語である。
>
> (Erting 1978: 139, 訳筆者)

ここで述べられている集団が共有する言語とは、言うまでもなく ASL であり ASL こそがこの集団を際立たせている文化的シンボルである。Erting(1978)は、ろう者が形成するエスニック・グループの特徴として、他の少数言語集団とは異なり家庭内での言語伝承が少ないこと[9]、また社会の主流をなす聴者からスティグマを課せられたマイノリティであることを挙げている。

このような視点が育まれるなかで、Padden and Humphries(1988)が述べるように、ろう者集団の中で手話をコミュニケーション手段として引き継がれてきた伝統や慣習を、ろう者自身がろう文化として発信するようになった。

> 本書における私たちのアプローチは、ろうであること自体から、ろう者[10]の生き方、ろう者の文化に注意をシフトさせることだった。

> ろうであるとは何なのかについての新しい思考法を紹介するために、こうしたアプローチをしたのだ。しかし、こう言ったからと言って、ろう者が聞こえないという事実を無視したり、聞こえないことがたいしたことではないと考えているのではない。それどころか、ここで大事なのは、耳が聞こえないという生物学的特性は、ろう者の文化や言語と実に深く結びついているということなのだ。彼らの世界にとって、ろうであるということは、世界の所与の基本的な側面なのである。　　　　　　　　(Padden and Humphries 1988: 日本語版 200)

　この潮流を汲んで、日本では木村・市田(1995/2000)が「ろう文化宣言」において次のように述べ、医学モデルから文化言語モデルへのシフトを提唱する。

> 「ろう者とは、日本手話という、日本語とは異なる言語を話す、言語的少数者である」――これが、私達の「ろう者」の定義である。
> これは、「ろう者」＝「耳の聞こえない者」、つまり「障害者」という病理的視点から、「ろう者」＝「日本手話を日常言語として用いる者」、つまり「言語的少数者」という社会的文化的視点への転換である。　　　　　　　　　　　　　　　　(木村・市田 1995/2000: 8)

　また、「ろう文化」への理解に援用しうる概念の一つとして、Ladd(2003)は「デフフッド(Deafhood)」という語を作り出した。「デフフッド」は「デフネス(deafness)」と区別され[11]、「限定された状態ではなく、ろうの個人がろうアイデンティティを実現するためのプロセス」であると定義されている。ウェブサイト「What is Deafhood」によれば、「デフフッド」とは「私達の心身や魂を脱植民地化するプロセス」であり、それを構成するのは、「ろう文化、人生、政治等についての既知の情報を収集してその枠組みを作ること」ならびに「その枠組み作成のプロセ

ス自体から、手話話者(Sign Language Peoples)に課せられた植民地主義に由来する現在のろう文化の限界をどのように超えられるかを明らかにすること」の2要素である。

3.4 集団モデルならびに集団社会モデル

亀井(2008: 201–206)は、医学モデルならびに社会モデルにおける問題設定がいずれも個人を単位とすることを指摘し、これに替わる概念として集団モデルを提案している。亀井の述べる集団モデルとは、「問題の所在(障害)を当事者の外側にある環境に求めようとする意味では社会モデルの思想を受けついでいるが、集団モデルは個人を直接社会に対峙させるのではなく、個人が帰属する集団にとっての良好な社会的環境を考えようとする」捉え方である。

さらに、田門(2012: 87–88)は亀井の視点を継承したうえで、集団モデルを基本として社会モデルを再構成した集団社会モデルという考え方を提示する。社会モデルにおいては社会参加する主体が単なる「個人」であるのに対し、集団社会モデルでは所属集団の支援を受けながら行動する「個人」が社会参加の主体となる。

3.5 医学モデルと社会モデルの対比

医学モデルとは、社会モデルの概念を提唱するに際して従来の障害観を批判的に表すために創出された捉え方であり用語である。したがって、医学モデルと社会モデルとは対立関係にある。

UPIASによる問題提起から40年を経た今も、社会のメインストリームは社会モデルに向かいながらも医学モデルの視点を色濃くとどめる過渡期にある。現在も、マスメディアに登場する障害者は「ハンディを克服し前向きに生きる賞賛すべき存在」として医学モデルに即した美談仕立てで捉えられるケースが多い。Young(2014)は社会モデルを支持する当事者の立場から、障害を悪とし障害を有する人を特別視することによ

り感動を与えようとするこのような取り上げ方を「インスピレーション・ポルノ (inspiration porn)」と呼び批判している [12]。

鉛筆を口にくわえて絵を描く両手のない小さな少女や、カーボン・ファイバー製の義足で走る子供の姿をご覧になったことがあるかもしれません。こうした例は他にもたくさんあるのですが、私たちはこれを「インスピレーション・ポルノ」と呼んでいます(聴衆：笑)。なぜ「ポルノ」という表現を敢えて使うのかというと、これらのイメージは、特定のひとびとをモノとして対象化することによって、それ以外のひとびとに利益をもたらそうとしているからです。このように障害者を対象化することの意図は、非障害者に「自分の人生も良いとは言えないけれど、もし自分があの人だったらと考えると、マシな方だ」という気持ちにさせ、奮い立たせることにあるのです。(中略)私達に、より大きな「障害」をもたらしているのは、自分の身体や診断結果ではなくて、社会なのです。 (Young 2014, 訳筆者)

　ろう教育に目を転じると、長年にわたって実施されてきた手話の使用を厳禁した口話教育は、多数派である聴者に同化することを目指すものであり、ろう者を対象とした抑圧的な医学モデルの典型的な施策である。1990 年代以降、ろう学校における教育に手話が取り入れられ始めた。しかし、現在多くの公立ろう学校で用いられているのは事実上「日本語対応手話」である。岡(2014a: 152)が提唱するように、「病理的視点から障害を克服するための教育」から「社会文化的視点からのろう教育」への移行が火急の課題である。

3.6 社会モデルと文化言語モデルとの比較

　医学モデルと社会モデルとが対立する概念であるのとは異なり、社会モデルと文化言語モデルとの関係を捉えるには 2 通りの考え方がある。

第2章　ろう理容師たちを取り巻く世界　19

　第一の考え方では、文化言語モデルは、社会モデルの障害者観とは視点が異なりはするが相容れるとされる。UPIAS の運動は障害者を包括的に対象とするものであり、個別の障害については基本的には言及されていない。ただし、Oliver(1996/2009)はろう者について以下のように述べている。

> バーミンガムのろう者の多くは自分たちを障害者コミュニティの一部ではなく、言語的少数者であるとみなしている。これは全国的な傾向に一致する見方であり、彼らはイギリス手話をそれ自体の権利を有する一つの言語であると認めるように、政府に要請を続けている。社会的モデルからは、ろう者が抱えるコミュニケーションの問題は、ろう者が話せないことではなく、他のひとびとが彼らの言語を話さないことに起因する。　　（Oliver 1996/2009: 56–57, 訳筆者）

　すなわち、ろう者とは、文化言語モデルで捉えると言語的少数者として存在し、いっぽう社会モデルで捉えるとその言語である手話が多数派である聴者に理解されないことにより disabled な障害者である存在となり、その両観点は矛盾しない。

　日本では、前出の「ろう文化宣言」において、木村・市田(1995/2000)は、「ろう者」を「耳の聞こえない者」つまり「障害者」という病理的視点から、「ろう者」＝「日本手話を日常言語として用いる者」つまり「言語的少数者」という社会的文化的視点への転換を提唱した。これに対し、同宣言は「障害者」の捉え方を医学モデルへと逆行させているとの問題提起がなされた。たとえば、新井(2000: 68)は「障害者」というレッテルの問題は、社会的な関係の中で「障害者」に作り上げられてしまうということにあるのであり、単に「病理的視点」ということばに集約されるのではないと木村・市田(1995/2000)を批判している。

　こうした批判に対し、木村・市田(2000: 397)は「私たちは、「耳が聞

こえない」ということ自体が病理的な視点から「障害者」とみなされることに対して異議を唱えたわけではない」と反論した。すなわち、木村・市田(2000)は、ろう者を「言語的少数者」と捉えたうえで、しかし「障害者」であることを否定しているわけではない。こうした姿勢の流れの先には、人工内耳の急速な普及を見据えて「自然手話＋人工内耳」のバイモダール・バイリンガルがこれからの時代の主流になってゆくであろうとの斉藤(2016: 106)が予測する状況がある。

　第二の考え方は Lane(1995)や Obasi(2008)が提唱する。ここでは、ろう者(キャピタライズされた Deaf)と、中途失聴者(聴者として生活したのち聴力が低下または消失したが、口話でのコミュニケーションを志向するひと)ならびに聴力障害を持つが―自身以外が選択した―教育の結果として口話でのコミュニケーションを志向するひととを明確に区別したうえで、前者(すなわちろう者＝Deaf)には障害者ではなく言語的少数者としての権利保障を、後者にはインペアメントを有する障害者としての権利保障をそれぞれ求める。言い換えれば、この捉え方は発表当初の「ろう文化宣言」[木村・市田(1995/2000)]に重なるものがあり、それゆえに上記の新井(2000: 68)による反論の視点からの検証が必要と考えられる。

3.7 集団モデルならびに集団社会モデルについて

　上述のように、社会モデルと文化言語モデルとは異なる視点に立つ。前者においては、個人が有する障害(ろう者の場合は「聞こえないこと」)が障壁とならずに参加可能な社会の構築が最重要視される。いっぽう、後者では「言語的少数者」としての立場の明確化と独自の文化の発信に重点が置かれる。

　従来の医学モデル・社会モデル・文化言語モデルにおいては、障害者「個人」を考察の対象とすることを基本に据えている。これに対し、亀井(2008)はろう者を手話言語集団という集合的イメージで捉え、その集

団の能力を正しく評価し、開発の主力として位置づけることを目指して集団モデルを提示し、その構成要素として次の2点を挙げる。

> (1) 手話を使用言語とするろう教育（手話言語集団の内側における言語的自由の保障）
> (2) 一般社会で手話の地位を向上させる言語政策（手話言語集団の外側における言語的自由の保障）　　　　　　　　（亀井 2008: 221）

　さらに田門（2012）は、ろう者を「個人」ではなく「集団」として捉える集団モデルの発想を踏襲したうえで、その集団の一員としての個人の社会参加に焦点をあてる集団社会モデルを提唱し、次のように説明している。

> 従来の社会モデルのように社会参加する主体を単なる「個人」ではなく、所属集団を尊重しその集団から支援を受けながら行動していく「個人」と捉え、そのような個人が社会参加するための条件を追及する。従来の社会モデルの理念から、ろうコミュニティを低く評価する可能性を取り除くというものである。ここでは便宜的に「集団社会モデル」と名付ける。このように再構成することで初めて社会モデルと文化言語モデルとの融合が可能となり、集団モデルの趣旨を活かすことができるのではないかと思われる。
>
> 　　　　　　　　　　　　　　　　　　　　　　　　（田門 2012: 87–88）

　集団モデルおよび集団社会モデルは、「ろう」という属性を共有する一つの集団（すなわち、ろうコミュニティ）を想定して論じられている。いっぽう、本書において考察する全ろ理連の構成員たちは、「ろう」であることを基盤とし、それに加えて理容という同一の職業を共有する。したがって、「ろう」という属性に着目すれば、全ろ理連とは、亀井な

らびに田門の提唱するろう者全体により構成される集団としての「ろうコミュニティ」の一部を占める、いわば下位集団に位置すると捉えることができる。こうした理由により、本書では全ろ理連についても集団モデルならびに集団社会モデルの枠組みの適用が可能であるとの見地から考察を試みる。

4. ろう教育・ろう学校
4.1 手話・口話論争

　ろう教育の歴史は手話・口話論争の歴史でもあった。1760年代に de l'Épée がパリで開設したろう学校が公的なろう教育の出発点とされる。de l'Épée は「私のところに来るすべての聾唖者は、すでに言語を持っている。彼らはずっとその言語を使い続けてきたのであり、互いにわかりあえる。(中略)我々は彼らを教育し、そのためにフランス語を教えたいと願っている。そのとき最も簡単で早い方法は何であろう。我々自身が彼らの言語で話すことではないだろうか」と述べており、ここでは手話を用いた教育が行われた(Lane 1984: 日本語版 II)。以後、欧米各地で、手話による初等教育のみならず高等教育が隆盛となった。こうしたろう教育を担った教師のほぼ半数はろう者であったといわれ、de l'Épée の教え子やその流れを汲むろう者の中には、国立聾学院教授や著述家が生まれている。

　しかし、19世紀半ばからアメリカを中心に手話でのろう教育を排除し口話の機能回復を目指すべきであるとの潮流が顕著となった。その急先鋒となったのは、電話の発明者として有名な Alexander Graham Bell であった。Bell の目指したのは、ろう者同士の結婚を「予防」することにより遺伝性形質を有するろう者の誕生を減少させることであり、その実現のために、「ろう者を隔離し、ジェスチャーである手話の使用とろう教師の採用をすべて禁止せよ」と論じた(Lane1984: 日本語版 377–395)。口話法が勢力を増した状況下、1880年にミラノで開催さ

れた ICED 会議(the Second International Congress on the Education of the Deaf)[13] において、世界中のろう者のための教育プログラムから手話の使用を排除するとの決議がなされた。その結果、欧米諸国のろう学校では手話の使用が禁じられ、ろう者の教師たちも職を追われることになった。

　日本におけるろう教育も、欧米の趨勢と同様の歴史を持つ[14]。明治11 年(1878)に日本初の公的ろう教育機関として設立された京都盲唖院では、「手勢法[15]」が用いられた。引き続いて設置された全国のろう学校においても手話による教育が行われ、手話のできる教員が必要とされた。日本聾史学会報告書第 3 集の資料(2004: 81–93)には、明治 11 年(1878)から昭和 20 年(1945)にかけて全国のろう学校に在籍したろう教員延べ 170 名[16] の名簿が記載されている。しかしその後、ミラノ会議の影響が日本にも及ぶことになる。明治 31–32 年 (1898–1990)には Bell が来日し、各地で口話法についての講演や実地指導を行った。さらに、アメリカ人宣教師 Reischauer 夫妻[17] による日本聾話学校の開校 [大正 9 年(1920)]、欧米視察や米国勤務の経験を持つ関係者による「日本聾口話普及会」の設立 [大正 14 年(1925)] など、欧米からもたらされた情報により口話法が急速に普及した。昭和 8 年(1933)には、全国聾学校校長会で鳩山文部大臣(当時)は「…聾児にありましては日本人たる以上、わが国語をできるだけ完全に語り、他人の言語を理解し、言語によっての国民生活を営ましむることが必要であります。」との口話教育を奨励する訓示を行った(高山 1979)。こうした過程において、日本のろう教育界では手話・口話論争が激しく戦わされたが、時代の趨勢は口話教育に向かって大きく舵を切った。ろう学校内における手話の使用は口話獲得の妨げとなるとして厳しく禁じられ、また日本でもろう学校からろう教師が追放された。

4.2 手話禁止・口話教育一辺倒の時期

　口話教育では、発音と読み取りの訓練が行われる。先生の口型を真

似て自分では一度も聞いたことのない声を発したり、見分けが困難な相手の口型から何が話されているのかを読み取るのが至難の業であることは、容易に想像できる。ろう児たちは、こうした苦難を幼稚部から学齢期を通じた長期間にわたって受けることになる。これらの訓練に膨大な時間とエネルギーを注ぎ、さらに授業も口話で行われるため、生徒たちはその内容を把握できないまま板書をノートに写すことになるといった状況が続いた。その結果、ろう学校での学習進度は普通校よりも2、3年遅れることになった。

　また、口話の強制は手話の追放を伴った。ろう者の両親を持ち、ろう学校に入学するまで家庭内で手話を用いて暮らしてきた米内山(2000)は、驚愕の気持ちを次のように語る。

> ろう学校に通うようになって、私にとって衝撃的だったのは何といっても手話禁止だったということだ。その点については、本当に厳しい教育を受けた。杉並ろう学校では、手が使えないように机の上に両手を置かされ、その上に本を載せられた。信じられないかもしれないが、まだそれでもましなほうだったようだ。ほかの学校の話だが、手話を使うと罰として黒板のチョークの粉をなめさせられるところもあったという。　　　　　　　　　　　　　　（米内山 2000: 65-68）

　ろう教育における口話主義は、しばしば植民地主義と重ねて語られる(Lane 1992；Ladd and Lane 2013 等)。力を有するマジョリティ集団が、被抑圧的立場にあるマイノリティ集団に自らの言語を強制し、相手から独自の言語を、ひいては文化やそのアイデンティティをも剥奪しようとする植民地主義の構図は、手話を厳禁し音声言語のみを是としてその獲得を強要してきた口話教育と、たしかにオーバーラップする。Woodward(1989: 日本語版 243-244)によれば、これに加えて、ろう者には次の3点において、他のマイノリティ集団よりもさらに過酷な負荷が

課せられてきた。

> ①「ろう」は医学上の病とみられ、劣等とされた型にはめられる。
> ②ろうの親を持つろう児は 10 パーセントに満たないため、大多数のろう児は自身の親以外から少数派文化を学ばねばならない。
> ③ろう者の第一言語は、コード構造だけではなく伝達経路構造においてもマジョリティの言語とは異なるため、言語上、二重の困難を味わう。
> 　　　　　　　　　　　　　　　（Woodward 1989: 日本語版 243–244）

　しかし別の視点をとれば、Woodward が挙げる三つの理由は、ろうコミュニティの固い結束の基盤をもたらし、また厳しく禁じられた時代を経てさえも手話が生き残った要因でもある。ろう児たちは、どのように禁じられようとも、休み時間や放課後また寄宿舎生活の中で、教師や舎監の目の届かないところで、あるいはその黙認のもとに、自分たちの身体的特性に合致する視覚を伝達経路とする手話を使い続けた。こうして、「手話厳禁」が掲げられていた口話教育の時代を通じても、各地のろう学校において先輩から後輩へまた同輩同士でという形で手話が伝承されてきた。

　この点に関して、斉藤(2016: 35)は、口話教育を推進するために手話が厳禁とされたのは、「なぜなら、それは手話が言語だったからだ」と指摘する。口話教育の全盛期においては、手話を禁じて音声言語を習得させようとの教師たちによる不断の努力や厳しい指導にもかかわらず、ろう児たちは自身のコミュニケーション手段として、例外なく手話を選択してきた。言い換えれば、教育者の立場からは手話を禁じざるをえないほど、その吸引力は強かったのである。その理由は、手話がろう者のコミュニケーションを十全に満足させ得る言語であるからにほかならない。すなわち、「手話が言語である」という言語学的実証や社会的認知がなされる以前から、手話がろう者によって伝承されてきたこと自体

が、斉藤が述べるように手話が聞こえないという特性に最適の言語であることを立証している。

4.3 手話の再評価

　手話よりも口話を優先する傾向は、ろう教育界に現在も存在する。しかし、手話を再評価し教育に取り入れようとの動きも進んでいる。

　その原因の一つに、手話が言語であるとの認識の広まりが挙げられる。1960 年代に入り Stokoe がアメリカ手話を分析し、音声言語における音素と同様の機能を有する構成要素が存在することを発見した。これを契機に手話が身ぶりやジェスチャーではない「言語」として位置づけられるようになり、口話教育の基盤が揺らぐ結果となった。またアフリカ系アメリカ人公民権運動等に代表される人権意識の高揚を背景とし、手話を用いるひとびとを一つの文化集団（deaf community）とみなす視点から、手話を尊重する考えがはぐくまれてきた。その結果、ろう者自身により、自らの言語である手話で教育を受ける権利が主張されるようになった。こうした社会状況に加え、口話教育の成果の乏しさも大きな原因と考えられる。教師・生徒双方の不断の努力にもかかわらず、完全な読話と聴者に匹敵する発話が可能なろう児を輩出しているろう学校は世界のどこにも存在しない。

　2010 年にバンクーバーで開催された ICED 会議では、ミラノ会議での決定がすべて退けられ「国家が合法的に承認する言語に、自国のろう市民の手話を追加し、多数派である聴者の言語と平等に取り扱うことを、すべての国家に要求します」との宣言がなされた（久松 2010）。

　日本においては、1993 年に文部省（当時）が『聴覚障害児のコミュニケーション手段に関する調査協力者会議研究報告書』を発表し、高学年の生徒を中心に手話使用を認めた。ただし、これは口話教育から手話による教育への切り替えが行われたという意味ではない。ろう学校においては、聴覚口話法による音声日本語の獲得を基本的な目標にしつつ、手

話の使用も否定しないという考え方が現在も主流であり、そこで用いられている手話の多くは日本語対応手話である（金澤 2013）。

　またこの頃から、インターネットの普及により、ろう児を持つ親たちは、「ろう学校で身に付けた口話教育は社会では役に立たなかった」という成人ろう者の主張や、口話で教育した聞こえない子供からの「なぜ手話で育ててくれなかったのか」という抗議に、簡単にアクセスできるようになった。その結果、ろう教育の現場において、ろう学校での教育に手話を導入してほしいという保護者からの要望がなされるようになる（金澤 2006: 231–232）。

　こうした動向にともない、各地で手話によるフリースクールが設立された。2003 年には「全国ろう児をもつ親の会」により、手話による教育を希望するろう児や親が、その教育を「選択する権利」が侵害されていることに対する「ろう児の人権救済申立」がなされた（全国ろう児をもつ親の会編 2004）。さらに 2008 年には、手話を第一言語として教授言語に用い、書記日本語を第二言語とするバイリンガル・バイカルチュラル教育を行う私立のろう学校明晴学園が設立された。

　ただし、こうした視点に立ちバイリンガル・バイカルチュラル教育を行っているのは、現時点では全国で明晴学園のみである。その理由の一つに、ろう学校の教職員の中に日本手話話者が極めて少ないことが挙げられる。金澤（2013: 89）によれば、「全国聾学校長会加盟校」の教職員数は 5,264 名、うち聴覚障害教職員（常勤）数は 283 名と、約 5.4% に過ぎない（平成 24 年度）。さらに、その中には中途失聴者や難聴者も含まれているため、ろう学校には、手話で指導が可能な教職員はほとんどいないことになる。

5. ろう学校理容科の設置とその推移

　明治 8 年（1875）京都に開設された学校を母体に、明治 11 年（1878）に京都盲唖院が創設されたのが日本における最初のろう学校体制とされる

（高山 1979 等）。本節では、ろう教育の中でもろう者の技術習得および就労に向けた職業教育に焦点を当てて、ろう学校理容科の歴史を辿る。

　日本においてろう者への職業教育の必要性を説いた先駆者としては、山尾庸三が挙げられる。伊藤博文・井上馨・井上勝・遠藤謹助とともに長州五傑と呼ばれる山尾は、文久 3 年(1863)に藩命でイギリスへ渡航し、工学とくに造船工学を学んだ。また、グラスゴーの造船所において研修を受けた山尾は、数名のろう者が造船所に勤務し手話で会話している様子に感銘を受け、その後イギリスの聾唖学校や盲学校を見学した。こうした経験に基づき、山尾は帰国後の明治 4 年(1871)盲唖学校設立に向けた建白書を太政官に提出した。

> 盲唖学校ヲ創設セラレンコトヲ乞フノ書(抜粋)
> 臣曽テ英国ニ在テ造船所ニ入リ修行中親シク見ルトコロ同所ノ図引大工鍛冶等ノ内唖ナル者モ亦不少人ト談話応接皆指頭ヲ発転シ文形ヲ模作シテ之ヲ弁ズ故ニ今西洋諸国ノ式ニ倣ヒ先ズ盲学唖学ノ二校ヲ創建シ一校毎ニ男女二局ヲ分チ教師ヲ外国ニ招キ以テ天下ノ盲唖ヲ教導シ適宜ノ工芸ヲ授与シ其成立ニ随ヒ盲男盲女唖男唖女各適意婚嫁スルヲ許シ天然ノ倫理ヲ全ウセシメ又漸ヲ以テ他各種廃疾ノ窮民ニ及ボサバ多年ナラズシテ西洋諸国ニ譲ラザル可キカ是レ無用ヲ転ジテ有用トナシ国家経済ノ道ニ於テ万一ノ裨補無クンバアラズ
>
> （文部省編 1958: 288）

　日本の近代教育における障害者の職業訓練についての出発点とされる同書には、上記の「無用ヲ転ジテ有用トナシ」との表現が示すように、近代国家の確立に向けて障害者も貢献すべしとのいわゆる「富国強兵」を目指す明治政府の視点が色濃く反映されている。しかし、いっぽうでは山尾は、盲者唖者男女の婚姻を認めよ等との人権への配慮を述べており、この点は注目に値する。ただし、同書には理容業への言及は見られ

ない。

　当事者の立場からろう理容の歴史についての研究成果を発信するろう理容師山本[18]は、日本のろう教育において理容科に最初に言及したのは小西信八であり、そこに「日本におけるろう学校理容科のルーツ」が存在すると指摘する（山本・吉岡 2017）。東京盲唖学校長の職にあった小西は、明治 29 年（1896）から明治 31 年（1898）まで、文部省の派遣により盲聾教育を中心に障害児教育全般の研究を目的として、アメリカ・イギリス・ドイツ・フランスを歴訪した。明治 39 年（1906）、日露戦役凱旋記念の機会に、聾唖教育講演会・全国聾唖教育大会が開かれ、講演を行った小西は、米国や西欧での視察経験を踏まえ西洋におけるろう者の職種として「建築、図案、麺包を焼くこと、<u>髪を苅ること</u>、寵を拵へること、鍛冶屋（下線引用者）」等を紹介した（平田・橋本 2007）。知る限りでは、この講演が理容業のろう教育への導入に向けた公的場面での日本初の示唆であると思われる。

　このように、西欧諸国の視察から得た障害者に対する職業教育に関する知見に基づき、ろう者の職業の一つとして理容業に次第に関心が寄せられるようになった。こうした流れを受けて、昭和 2 年（1927）、日本聾唖協会[19]は「聾唖者には何業が適当であるか」との文部大臣の諮問を受けて、次のような答申を行っている。

農業、園芸、牧畜、養蚕、養鶏、養蜂、養魚など自然を相手にする農業部門和裁裁縫、刺繍、和洋家具製作、竹細工、籐細工、ろくろ職、折箱、ボール紙、細工、履物職、靴修理などの手指作業を主とする職種、金工、ブリキ細工、金網細工の金工関係、からかさ職、ちょうちん職、陶工、製本、彫刻、義歯工、塗装、畳職、写真、活版、印刷、石版印刷画工、造花、メリヤス職、染色、製糸、洗濯、<u>理髪、結髪</u>などの手細工、手芸等の職種

（全国聾学校理容科・美容科研究協議会 2013：2 下線引用者）

こうした趨勢の中で、関係者の熱意と努力は、昭和8年(1933)徳島県立盲聾唖学校理髪科設置という形で具体化される。これが、日本のろう教育界における理容科の第1号となる。その第1期生は男子6名、女子1名の計7名だったとのことである。設置に携わった秋田忠雄校長[20]の手記によれば、その設置理由は次の通りである。

「全国に魁け聾唖部に理髪科設置」

　昭和七年度末、県立盲聾唖学校の建築は完成しました。校地校舎は広い。男附(地名)の仮校舎に比すれば、天地の差です。県民の認識を深め、早く充実した学校を作りたい。学則を見れば聾部中等部職業科に男子部は竹細工一科目、女子部は裁縫部一科目となっている。将来のことを考えるとこれでは少なすぎる。

　少なくとも男女両部に各二科目、計四科目位は設置したい。何科を置くべきか、諸方調査の結果、私は理髪科を設置すべきだと考えました。その理由は、

(一)理髪科を設置すれば、教師は初め男女共通でいけますから教師一人分の給料その他を節約することができる。

(二)理髪師の免状をとるには、深遠な学理や高度の技術を必要としない。小中学校程度の普通教育を受けていればよい。

(三)理髪免状をとるには、普通人ならば、三か月程度の講習を受けていればそれでいけるのです。聾唖者は初等部六年と中等部五年計十一年も長い修行を積み、学術と技術が相当程度練られているはずと思うこと。

(四)理髪師の仕事は手先の仕事が主で疲労も少なく、清潔で、晴雨に拘らず営業ができ、比較的収入も多いこと。

(五)近時は聾唖者に対する教育法が進歩し、他人のことばを口形や唇の動きなどにより判断し、自らもこれに倣って発声発語し、他人に自分の意志を伝えることができるようになったこと。

（六）ことばによって自分の意志を伝えることができれば、これを文字文章に改め、もって他人に自分の意志を伝えることもできるようになること。

（七）そうなるともはや聾唖者と普通人との区別は殆どなくなり、聾唖者も普通人と同様の職業につき、同様の生活ができるようになるものと思う。国家社会の進歩発達に多大の貢献をすることになること。　　（全国聾学校理容科・美容科研究協議会 2013: 3）

　秋田の挙げる理由（一）から（三）は、理髪科の設置が実務的な条件を満たすとする学校運営の視点によるものである。理由（四）では、理髪師という職業がろう者の資質に適し、かつ社会的にも有利であることが指摘されている。理由（五）は、口話教育の成果を評価するものである。さらに理由（六）（七）では、その成果によって筆談が可能となり、ひいては、ろう者が聴者と対等の社会的地位につくことにつながると謳われている。

　本章 4 節で述べたように、徳島県立盲聾唖学校に理髪科が設置された昭和 8 年（1933）は、全国聾学校校長会で鳩山文部大臣（当時）が口話教育を奨励するとの訓示を行った年と一致する。秋田がその手記中で「他人のことばを口形や唇の動きなどにより判断し、自らもこれに倣って発声発語し、他人に自分の意志を伝えることができるようになった」と断言しているのはこうした趨勢に呼応するものであり、その言説からは、口話教育の成果を社会に明示し、そのさらなる普及を目指す意図を汲み取ることができる。秋田の報告は、口話教育の導入が理髪科の設置の理由の一つに挙げられている点で注目に値する。

　口話教育が、当初期待されたほどの目覚ましい成功をおさめていたか否かは後に検討するが、徳島に続き鹿児島校、熊本校、宮城校に次々と理髪科が設置された。その設置の経緯の 1 例として名古屋ろう学校の例を紹介する。ここでは、先行する徳島校への査察や海外の資料調査を重

ねたうえで理髪科が設置された様子が述べられてる。

> わが国で聾学校に初めて理髪科が設置されたのは徳島県立聾学校で昭和8年のことであった。その翌年、9年5月には本校校長が徳島校を視察して調査を行っている。また、10年9月には「理髪科希望者調査」を実施、12年2月には「米国の理髪科設置の聾学校調べ及び米国聾学校の職業科」について職員が翻訳・研究発表を行い、3月には校長が四国へ再度視察を実施する（中略）こうして、本校に理容科（当時は理髪科）が正式に設置になったのは昭和13年6月22日のことであった。　　　　　　　（愛知県立名古屋聾学校 1944）

その後、日本は第二次世界大戦に突入し、戦時中はろう学校の生徒も軍事教練や勤労奉仕の作業に駆り出され、また学童疎開も行われた。昭和19年兵庫県立聾唖学校理髪科に入学した相良理（さがら・ただし）は、当時のろう学校での生活を活き活きとした絵と文章で記録している。

図1：中等部に理髪科が設置される（相良 2005: 23）

> 　中等部に理髪科が設置されるにあたって、私は父や母と相談して理髪科を希望することにしました。私の人生の方向が決まりました。当時中等部2年生だった私は、あらためて理髪科の1年生となりま

> した。
>   県庁の役人は「聾唖者では理髪はできないからだめだ」といったそうです。福応副校長先生、大柱先生(後の理髪科担当)の両先生が県庁にかけあい、昭和19年3月16日に県庁の役人4人が学校に来て、大柱先生と理髪科生徒たちとの「問答試験」を視察しました。この試験が合格であると認められたので大変喜んだものです。
>   (相良 2005: 23)

 また、戦時中は工場での勤労動員だけではなく、理髪科で身に付けた技術を使い陸軍病院や海軍経理学校で理髪奉仕も行ったという興味深い記述も見られる。

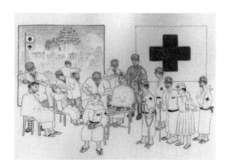

図2：姫路陸軍病院へ理髪奉仕(相良 2005: 26)

>   昭和19年10月13日、姫路城のそばにある姫路陸軍病院へ行きました。私たち理髪科の生徒は、戦争でけがをしたり、病気になったりしている大勢の兵隊さんの散髪をして喜ばれました。
>   翌年の2月からは、垂水の海軍経理学校へも毎日、理髪奉仕に行くようになりました。ここでは、海軍将校、軍属、生徒など合わせて約2000人を相手に、指定の理髪作業所で毎日午前10時から午後5時まで散髪奉仕をしました。
>   (相良 2005: 26)

卒業後、湊川神社(現在の中央区楠町)で開業した相良の理髪店には、アメリカ人兵士が沢山来店し、その多くは黒人兵だったとの事である。相良は、白人兵と黒人兵とが別々の理髪店に通うことから、進駐軍内部にも人種差別があるのではないかと鋭い観察を記録している。

図3：米進駐軍が散髪に来店(相良 2005: 35)

　当時すでに神戸に駐留していたアメリカ進駐軍は、大切なお客さまでした。進駐軍の本部に近い三宮の店では、白人将校が多かったのですが、三宮から少し離れた私の店にくる兵隊さんに黒人が多かったのは、軍隊の中にも人種差別があったからでしょうか。

(相良 2005: 35)

　昭和22年(1947)に制定された理容師法により、理髪科は理容科に改称され、各ろう学校は理容師養成施設・同実施研修所の指定を受けた。昭和26年(1951)には「ろう学校高等部理容科指定基準」(厚生省・文部省)が施行され、図4に示すように高等部理容科の新設が激増した。最盛期(昭和40年代)には、全国の高等部設置ろう学校の約半数にあたる33校に理容科が設けられ、800名前後の生徒が学んでいた。各校の卒業生たちは高い合格率で理容師試験を突破し、その多くは社会人としての自立を果たした。

しかし、昭和50年代に入ると全国のろう学校において事務職、製造ライン等に就職する生徒が激増する。こうした変化をもたらした大きな理由は、昭和51年(1976)の身体障害者雇用促進法の改正である。この改正により、事業主には身体障害者を一定の比率で雇用する義務が生じた。これを受けて、多くの企業がろう学校に求人依頼を行うようになり、また生徒たちのホワイトカラー志向と相まって、卒業生の進路が変わった。典型的な例として愛知県が挙げられる。同県では卒業生の多くが自動車関係の大企業に就職するようになったため、県内の3校のろう学校(名古屋、岡崎、豊橋)に設置されていた理容科が、昭和61年(1986)に統合され名古屋校のみとなった(全国聾学校理容科・美容科研究協議会 2013：11)。ちなみに、名古屋ろう学校の理容科も平成6年(1994)をもって閉じられたため、現在、愛知県内のろう学校に理容科はない。

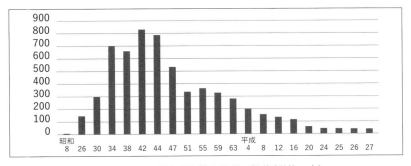

図4：理容科・美容科在籍生徒数の推移(単位：名)

(全国聾学校理容科・美容科研究協議会 2013.『聾学校理容科・美容科80年の歩み』および

文部科学省『平成28年度特別支援教育に関する調査の結果について』より抜粋)

　図4からわかるように、ろう学校理容科に在籍する生徒数はその後も減少を続けている。その主な原因として、ろう教育の場に関しては、ろう学校に在籍する生徒数自体の減少、大学進学率の上昇、IT機器の進歩による情報処理関係の学科の創設等が挙げられる。

さらに、若者のヘアスタイルの多様化による理容店から美容店への移行や低価格チェーン店の出現で、新規参入者が減少を続けているといった理容業界全体の流れも、この衰退に大きな影響を及ぼしていると推定できる。厚生労働省平成 26 年度衛生行政報告例の概況によれば、平成 2 年（1990）から平成 26 年（2014）の 24 年間において、全国の美容所数は、186,506 施設から 237,525 施設へと約 27% の増加を示す。いっぽう、同期間において、全国の理容所数は、144,214 施設から 126,546 施設へと約 12% 減少している。

1　昭和 25 年 4 月 6 日厚生省令第 15 号。

2　日常生活におけるろう者の言語使用調査は、中山（2012）等に報告されている。

3　一般に、ろう児の 90% は聴者から生まれると言われる（金澤 2013: 86 等）。

4　詳細は第 3 章 3 節に記す。

5　ここでは第一言語という概念を、古石（2004: 50）の述べる「最初に獲得された言語のことをさすが、時に生活環境により別の言語へのシフトが起こった場合、最も楽に使える言語のことを指す場合もある」という意味で使用する。

6　社会言語学の視点からは、クァク（2015: 39）は日本語対応手話とは「『日本人』としてろう者を社会統合するためには日本語を習得させるべきであるという一つの規範のもとに、手話を日本語に対応させたものとしてあみだされた」と述べており、本書もこの見解を共有する。

7　日本の場合にあてはめると、大まかではあるが日本語対応手話に該当する。

8　日本の場合、ろう者の第一言語であり、そのアイデンティティと深く結びついている日本手話に該当する。

9　Erting によれば、ろう者の約 86% はろう者と結婚するが、ろうの両親から生まれるろう児の比率は 12% にすぎない。

10　同書では耳が聞こえないという聴能学的な意味でのろう者を deaf と小文字で、また ASL と一つの文化を共有する特定の集団を指すときには Deaf というキャピタライ

ズされた表記を用いている。日本語訳では、前者を「ろう者」、後者を太文字の「**ろう者**」
と表すことにより区別している。

11 日本語訳では、「デフフッド」には「ろうであること」、「デフネス」には「聞こえな
いこと」とそれぞれルビが振られている。

12 Young が TEDxSydney で行った講演から引用。その動画並びにトランスクリプトは、
巻末に URL を記載したサイトから視聴可能。2016 年 8 月 28 日放送の NHK テレビ
番組「バリバラ：検証！「障害者×感動」の方程式」は、同時間に放送された日本
テレビ「24 時間テレビ：愛は地球を救う」に反論する形で、Young の主張する「イ
ンスピレーション・ポルノ」（同番組では「感動ポルノ」と訳されている）を紹介し、
論議を巻き起こしている。

13 「ミラノ会議」と呼ばれている。出席者はすべて聴者であった。

14 日本におけるろう教育の歴史の詳細は、たとえば、当事者の視点からは伊藤政（1998）
および那須・須崎（1998）、行政の立場からは文部省編（1958）、教育現場の視点から
は高山（1979）にそれぞれ記載されている。

15 「てせいほう」「しゅせいほう」または「しかたほう」と読む。自然な手真似や身振
りを基本とする表現と文中の語同士の関係を表す表現ならびに動詞を含み、さらに
文字と組み合わせることによりろう児に視覚的にことばを理解させる指導法。現在
の日本手話と同一ではないが、その原型ともいわれる。京都盲唖院の設立者である
古河太四郎が考案（高山 1979:15 等）。

16 複数のろう学校に勤務したため、重複して記載されている例もある。

17 米国長老教会から日本に派遣されていた。日本で生まれた女児が高熱のため失聴し
た。

18 山本の研究活動については、第 7 章 4 節に紹介する。

19 大正 4 年（1915）創設の聴覚障害者団体の全国組織。のちに現在の全日本ろうあ連盟
として再建。

20 『聾学校理容科・美容科八十年の歩み』には「和田忠雄校長」と記されているが、山
本直弘氏より誤記の指摘があり、徳島聴覚支援学校に確認の結果「秋田忠雄校長」
が正しいと判明。

第 3 章

ろう理容師たちとの邂逅と交流

1. 質的研究法

　本書で用いる手法は、質的研究法である。従来の実証主義的な量的研究法においては、一定数以上の調査対象からなる母集団からサンプルを抽出し、アンケート等の統計学的な調査によりその集団の有する特性や傾向を数量的に捉える手法が一般的に用いられてきた。そこでは母集団内の個の持つ特性や揺らぎは捨象され、全体像や平均像といった普遍的にあてはまる結論が導かれる。また、量的研究においては研究者自身の存在はいわば黒子であり、表面化されない。

　質的研究とは、量的研究の意味は認めつつ、こうした手法には適さない研究テーマや対象があるのではないかとの観点から出発した（Bernard 2002）。やまだ（2013: 4–6）によれば、質的研究の方法論において重視されるのは、①研究者と研究協力者との関係性や相互作用、②研究者や研究協力者が生活する現場（フィールド）や、それをとりまく社会・文化・歴史的文脈、③現場に参与して行う参与観察や、インタビュー、アクションリサーチ等研究協力者との相互作用を含む研究方法の各点であり、また重要な研究対象となるのは、広義の言語による相互作用（意味、テクスト、会話、ディスコース、ナラティヴなど）である。

　すなわち、量的研究ではデータが数量的・統計学的に解釈されるのに対して、質的研究においては個々の具体的な事例が重視されるため、母数の数が統計学的に必要とされるレベルを充足しなくても問題はない。

質的研究では、インタビューでの語り等の言語を主体とするデータが文脈と結びつけて解釈され、さらに研究協力者との相互作用という様式をとるため、研究者自身も可視化される。

　1970 年代以降、多くの質的研究が報告されてきた。その背景として、桜井（桜井・小林 2005: 16）は「これまでの研究テーマにはなかった新しい社会問題の発生や周縁にいてこれまで注目されてこなかった人びとへの関心の高まり」があると指摘する。これらの質的研究は、社会学・心理学・教育学・看護学・言語学・経済学など幅広い分野に及んで報告されており、またそこで用いられている理論や手法も多岐にわたる。

　本書では、ろう理容師たちを対象とし、各人のろう学校在学時から国家試験および卒業を経て就業に至るプロセスを調査する。また、彼らが設立した団体である全ろ理連の活動の軌跡を辿り、さらには聴者である客とのコミュニケーション状況を観察および分析することにより、言語的少数者としてのろう理容師たちが、どのように社会と関わってきたかを解明する。こうした目的には質的研究法が最適であると考え、これを選択した。

2. エスノグラフィー

　質的研究の代表的な方法論として、ナラティブ分析、談話分析、事例研究、グラウンデッド・セオリー、エスノグラフィー等が挙げられる。本書で用いた手法は、これらの中でエスノグラフィーの分野に属する。エスノグラフィーとは、ギリシア語の「ethnos（民族）」と「gràphein（描く、書く）」を基にした造語であり、もともとは多様な民族を描写するという意味を持つ。日本の文化人類学ではエスノグラフィーは「民族誌学」と訳され、異なる民族を記述する分野として発達してきた。しかし、現在ではエスノグラフィーの対象は異なる民族にとどまらず、社会学、教育学、看護学、心理学、経営学、歴史学等多岐にわたる分野において様々な対象を質的観点から研究するための方法として関心を集めて

いる。小田（2010: 7）の定義によれば、エスノグラフィーとは「人びとが実際に生活したり、活動したり、仕事をしたりしている**現場を内側から理解する**ための調査・研究の方法」（太字：小田）であり、ここで言う「現場」とは「人びとが何かを実際に行なっている場」もしくは「ある事がらが実際に起きている場」を意味する。

　Ladd and Lane（2013: 565–568）は、アメリカにおけるろう者社会は、エスニック・グループの特性として列挙される言語、帰属意識、文化、社会制度、アート、歴史、テリトリー、姻戚、社会化、境界の保持といった諸要素をすべて充足することから、一つのエスニック・グループ（デフ・エスニシティ）であると述べている。「デフ・エスニシティ」とは、興味深くかつ理解しやすい概念である。ただし本書では、ろう者全体ではなく理容師という職業と手話という少数言語を共有するろう理容師たちに対象を絞り込んだ。すなわち、本書で言うエスノグラフィーとは、小田の定義に倣い各人の理容師としての職業活動や生活の場、また当事者たちで構成される組織活動の場を現場と捉えるという視点に立つものである。言い換えれば、ろう理容師達はろう者であるという点においては、ろうコミュニティの下位に位置付けられるが、共通の職業を基盤とした集団であるという意味においては、Ladd らによるデフ・エスニシティの捉え方とは一線を画する存在である。

　以下に、本書における現場をより具体的に紹介する。

　本調査は、筆者が横浜市において開催された第 8 回全国ろう理容師大会に出席した平成 25 年（2013）9 月 16 日からスタートした。以後、筆者の居住地域において全ろ連の地方組織として活動する静岡県聴力障害者理容協会ならびに関東ろう理容連盟主催のハイキング、親睦旅行、忘年会、バーベキュー大会等の諸行事や、第 9 回全国ろう理容師大会（平成 27 年（2015）9 月 21 日、神戸市）、第 42 回群馬ろう理容福祉協会新年大会（平成 28 年（2016）1 月 11 日）等の会合に参加する中で、ろう理容師たちと交流を深めた。

そうした場において、筆者は多数のろう理容師に対して、随時インフォーマルな形でのインタビューを行った。インタビューに先立ち、まずは所属や研究目的を含めた自己紹介を行い、状況に応じて名刺を交換する等の手順を経て話を聞かせてもらった。

　ろう理容師たちと親交を深める過程において、8名のろう理容師の協力を得て、本書の中枢をなす手法となるライフストーリー・インタビューを実施した。インタビューでは構造化を行わず、各協力者の生い立ちやろう学校での学習経験、理容科志望の経緯、国家試験受験、卒業後の就労から自己店舗を開業するに至る流れ、現在の営業状況等、自由に語ってもらった。その実施形態については、次節に詳述する。

　さらに、ろう理容師が聴者の客に実際にどのように応対しているのかを知るため、調査協力者たちの経営する理容店の中から、それぞれ独自の特色を有する3店舗を選んで営業状況を観察させてもらった。その際に、店舗内において客にもインタビューを行った。ただしこの場合は、研究調査という異質な雰囲気を持ち込んで店の営業を妨げることを避けたいという理由と、また客自身の私的領域に関わる内容を語ってもらう意図はないため、とりたてて自己紹介を行うことはせず、順番を待っている人たちから、世間話という形でろう理容師や当該理容店についての感じ方等を話してもらった。

　また、調査協力者たちの在学当時のろう学校との比較を目的として、現在のろう学校理容科の状況を調査するため宮城県立聴覚支援学校および静岡県立沼津聴覚特別支援学校を見学した。

3. ライフストーリー・インタビュー

　本書では、調査協力者たちに理容師としての体験や履歴を語ってもらい、それぞれの生い立ちや環境と照らし合わせながらその生き方、特にコミュニケーションを中心とした社会生活を掌握することを目指すため、その手法としてライフストーリー・インタビューが最も適切である

第3章　ろう理容師たちとの邂逅と交流　43

と考え、研究の基軸とした。桜井(2012)は、ライフストーリーを次のように定義する。

> ライフストーリーは個人のライフ(人生、生涯、生活、生き方)についての口述(オーラル)の物語である。また、個人のライフに焦点を合わせてその人自身の経験をもとにした語りから、自己の生活世界そして社会や文化の諸相や変動を全体的(ホリスティック)に読み解こうとする質的調査法の一つのことでもある。
>
> (桜井 2012: 6, 下線引用者)

　当然ながら、本書の調査に用いる言語は手話である。このため、上記の桜井の定義をそのまま本書に適用すると、調査手段とした使用言語と「口述(オーラル)の物語」という表現との間で齟齬を生じる。しかし、世界各地において発達した手話は、それぞれが音声言語と同様の独立した言語であると捉えられており、もとより筆者もその視点に立つ。桜井自身はこの点に関して「この定義を行った時に、僕は手話については全く念頭になかった」と述べている[1]。したがって、上記の定義には、音声言語以外で語られた物語を除外する意図は全くないと理解される。それゆえ、本書の調査において「手話によって語られる物語」と、桜井の述べる「口述(オーラル)の物語」の間には、モダリティの相違以外には、なんら差異はない[2]。こうした状況に鑑みて、ここではライフストーリーを、桜井の定義を踏襲した上で次のように再定義する。

> ライフストーリーは個人のライフ(人生、生涯、生活、生き方)についての口述や手話によって語られた物語である。また、個人のライフに焦点を合わせてその人自身の経験をもとにした語りから、自己の生活世界そして社会や文化の諸相や変動を全体的(ホリスティック)に読み解こうとする質的調査法の一つのことでもある。

3.1 調査協力者

　ライフストーリー・インタビューは、真間（三）さん（男性、60代、イ
ンタビュー4回）、真間（政）さん（女性、60代、真間（三）さんの妻、イ
ンタビュー1回）、井上さん（男性、70代、インタビュー6回）、西島さ
ん（男性、60代、インタビュー2回）、清田さん（男性、70代、イン
タビュー3回）、舘野さん（男性、70代、インタビュー1回）、望月
さん（男性60代、インタビュー2回）、山本さん（男性、50代、インタ
ビュー1回）の計8名の方の協力を得て実施した。インタビュー場所は、
協力者の自宅または店舗、筆者の自宅、ファミリーレストランである。
インタビューはビデオ収録を基本としたが、協力者の意向やその場での
雰囲気などから、ビデオ撮影は行わずにフィールド・ノート形式で記録
したケースもある。いずれの場合も、インタビュー内容を文章に書き起
こし、調査協力者に確認してもらい、必要に応じて加筆・修正を受けた。
　次表に、ライフストーリー・インタビューの各調査協力者のプロフィ
ルとインタビューの実施状況をまとめる。

表1：ライフストーリー・インタビュー協力者プロフィルとインタビュー実施状況

氏名 （敬称略）	早期／後期 手話話者	卒業ろう学校 （卒業年）	開店年	インタビュー 実施時の営業形態	インタビュー実施状況
真間 三男	早期	沼津 （昭和43）	昭和52	夫婦2名で営業	①2014.01.06　21:00-22:06 　真間（三）、真間（政）筆者宅 　①・真間（三）、真間（政）真間次女、筆者夫同席 ②2015.03.13　21:47-22:40 真間（三）筆者宅 筆者夫同席 ③2015.06.01　20:00-21:25 真間（三）筆者宅 ④2016.04.29　8:30-17:30 　店舗観察・インタビュー　他に頻繁に店舗観察
真間 政子	後期	平塚 （昭和42）			
井上 健	早期	平塚 （昭和37）	昭和49	1名で営業 週に3日開店	①2014.12.2　14:00-16:20　井上の店 ②2014.12.28　14:00-16:20　井上の店 ③2015.02.09　14:00-16:30　筆者宅 筆者夫同席 ④2015.03.14　13:50-16:00　井上の店 ⑤2015.03.21　13:50-15:50　井上の店 ⑥2015.07.02　13:00-16:30　店舗観察・インタビュー
西島 伸夫	早期	沼津 （昭和42）	昭和51	1名で営業	①2015.03.09　13:15-15:05　西島宅 ②2015.04.05　14:40-15:30　西島宅 西島妻同席
清田 蜜男	後期	平塚 （昭和30）	昭和40	以前は夫婦で営業 高齢のため 平成17年閉店	①2015.04.20　13:30-16:00　清田宅 　清田妻およびろう理容師3名（真間夫妻・井上）同席 ②2015.05.19　10:00-11:30　筆者宅 清田妻同席 ③2015.07.06　10:00-12:00　筆者宅
舘野 弘	後期	群馬 （昭和32）	昭和34	娘の店で就労 理容師3名（うちろう者2名）	①2015.08.17　12:00-16:00 　舘野宅近所のファミリーレストラン　ろう理容師計7名同席

望月　良晃	後期	沼津 （昭和46）	昭和53	理容師5名（妻を含む） で営業（全員ろう者）	①2016.05.20　10:00-17:30　望月の店：店舗観察・インタビュー ②2016.07.13　10:00-13:20　望月の店：店舗観察・インタビュー
山本　直弘	早期	岡山 （昭和56）	昭和61	理容師3名（妻を含む） で営業（全員ろう者）	2017.09.17　16:45-17:33 山本の店

3.2 手話によるインタビューの翻訳と文章化

　佐藤（2008: 23-31）は、質的研究においては、研究対象者の日常生活の文脈に沿って読み取った個別で具体的な意味を持つ言葉を、より一般的かつ抽象的な意味を有する学問の世界の言葉に移し替える作業が必要であると述べ、前者を「現場の言葉」、また後者を「理論の言葉」と呼ぶ。佐藤は、この移し替えは翻訳作業と類似すると指摘し、研究者自身が対象者の住む現場での意味の世界と、学問における意味の世界との両方に深くコミットし、両方の世界を繰り返し往復することによって両者を結ぶいわば「バイリンガル」のような機能を果たせるような意味世界を見出している場合に、「分厚い記述」[3]が可能になるとし、その関係を次のように図示する。

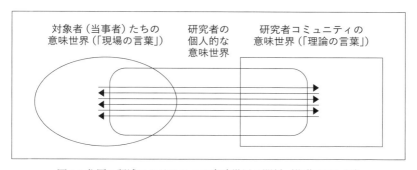

図5：分厚い記述における3つの意味世界の関係（佐藤 2008: 28）

　また、インタビューで用いる言語と論文を記述する言語とが異なる場合には、当然ながら調査協力者による語りを、本来の意味での翻訳を通して文章化する作業が必要となる。本書もこのケースに該当する。すな

わち、ここではインタビュー言語として手話を使用し、これを音声日本語の文章として書き起こすため、まずは手話から日本語への翻訳を行い、こうして翻訳された佐藤の述べる「現場の言葉」を「理論の言葉」へと再度転換して解釈する。

　以下に、本書における翻訳についての捉え方について、その基盤となる先行研究を紹介したうえで、それらを対照しながら手話言語から音声言語への翻訳に際して留意した点を説明する。

　Jakobson (1963) によれば、翻訳は次の 3 種類に分類することができる。

1) 言語内翻訳、すなわち、言い換え rewording は、ことばの記号を同じ言語の他の記号で解釈することである。
2) 言語間翻訳、すなわち、本来の翻訳 translation は、ことばの記号を他の言語で解釈することである。
3) 記号間翻訳、intersemiotic translation、すなわち transmutation は、ことばの記号をことばでない記号体系の記号によって解釈することである。
(Jakobson1963: 日本語版 57–58)

　インタビューにおいて得られた手話での語りを日本語の文章として書き起こす作業は、視覚的な記号で表現されることばである手話を聴覚的な記号で表現されることばである音声日本語に変換し、これを文字化するというモダリティを跨いだプロセスとなる。ただし、ライフストーリー・インタビューの定義について記した箇所で確認したように、手話言語はモダリティの相違以外には音声言語とまったく同様に捉えられるため、この作業は、Jakobson の分類によれば、2) 言語間翻訳に相当する。これと比較すると、手話での語りをパントマイム等の非言語による視覚記号体系を用いたパフォーマンスによって解釈し表現する場合を想定すれば、両者は共に視覚記号でありモダリティは同一であるが、Jakobson の分類に従えば、3) 記号間翻訳となる。

言語間の翻訳に関して、Nida（1964: 156）は「二つの言語間に完全な対応が成り立たないのは当然である」との視点から、翻訳の際にはできうる限りの等価の表現に近づける必要があるとし、その等価性には「形式的等価性」と「動的等価性」との異なる2種類があると論じている。Nida によれば、翻訳者は起点言語で表された内容と形式の双方を目標言語において再現するべく努めなくてはならない。ただし、基本的には内容の一致は形式の一致に優先する。内容の一致に重きを置く動的等価的翻訳では、起点言語のメッセージを目標言語の読み手に違和感を与えない自然な等価物に変換することが求められる。すなわち、翻訳の過程においては、両言語の背景となる文化の相違について考慮を払ったうえでメッセージ化が行われるべきである。Nida によるこの指摘は、現場である対象者の世界と研究者コミュニティとを繋ぐ研究者自身の意味世界が必要であるとの上記の佐藤（2008）による論点と重ね合わせることができる。

　本書における協力者の語りの翻訳に際しては、これらの先行研究における捉え方を枠組みとし、可能な限り手話での語りの内容を損なうことなくかつ違和感のない日本語として再現できるよう注意を払った。インタビューで使用した言語は、基本的には手話すなわち日本手話と捉えている。しかし第2章1節に引用した松岡（2015）の指摘にあるとおり、早期手話話者・後期手話話者ともその主たるコミュニケーション手段は人によって異なり、手話、日本語対応手話ならびに両方の特徴が部分的に含まれる混成手話（中間手話）が用いられる。この状況は本書に記す調査にもあてはまり、インタビューにおいて、手話、日本語対応手話ならびにその混成の使用、さらには音声のみによる発話も見られた。その主な原因として、調査協力者自身の成育歴や言語使用状況、聞き手である筆者が聴者でありその手話能力に限界があること、同席者の有無、また同席者が存在する場合はろう者か聴者かといった点等が考えられる。多くの場合、インタビュー開始時（とくにビデオ・カメラが回り始めた直後）

は日本語対応手話での語りが始まり、話の盛り上がりに伴って日本手話に移行し、筆者が聞き返したり確認したりすると、再度日本語対応手話へと戻るといった現象が見られた。

　個別の例としては、井上さんへのインタビューの中で特に記憶に残る状況がある。筆者宅でのインタビューにおいて、たまたま手元に三脚がなかったため、最初は筆者がカメラを手に持って撮影を担当していた。途中で家人(聴者、手話学習経験なし)が帰宅したので撮影を交替してもらったところ、それまで日本手話を使っていた井上さんが、突然、発声を伴う日本語対応手話に切り替えた。このコード・スイッチングはまったく無意識に行われたようで、撮影後井上さんに尋ねたところ「え、そうだった？」との返答であった。井上さんの話では「ろう学校の時に「人前で話す時には必ず声を出すように」と叩き込まれたので、なじみの薄い人がいると、どうしても声が出ちゃうんだよね」とのことである。

　小学校を普通校で過ごし、また補聴器を装着するとある程度の会話が可能な残存聴力を有する清田さんの場合は、手話と日本語対応手話との混成に加えて、ときおり手話を伴わない音声のみの発話が混じる独特の語りが見られた。

　また、中学2年時に失聴した舘野さんは、当然ながら発話はスムーズであるが相手の口型の読み取りは苦手である。そのため筆者とのマンツーマンでの会話では、舘野さんは音声で話し筆者が手話で答えるという逆転現象のような状況がしばしば起きる。ただし、舘野さんへのライフストーリー・インタビューの際には、他に5名のろう理容師が同席したため、手話での語りとなった。

　このように、本書においては起点言語が単一とは言えず混成やコード・スイッチングが起きた。この問題の対応については翻訳のプロセスで苦慮したが、基本的な姿勢としては、前述のように各起点言語で表現されたメッセージを違和感のない目標言語(日本語)の文章に変換することに努め、さらに後述のように調査協力者自身に文章化の可否を確認し

てもらうとの形式で対処した。

　ライフストーリー・インタビューにおいては、文章化した語り（トランスクリプト）を語り手に渡して、自らの語りをチェックしてもらい、また論文掲載の了解を得ることが望ましいとされる（桜井・小林 2005; 桜井 2012 等）。しかし、インタビューで用いた言語と論文を記述する言語とが異なる場合、両言語の違いが壁となって調査協力者には自身の語りがどのように文章化されているのか把握できないケースも多い。たとえば、Nakamura(2006)は世代の異なる 4 名の日本人ろう女性に対するインタビューの結果を報告している。しかし、同書は英文で書かれているため、4 名の協力者は自身の語りがどのように記載されているかを掌握し難いのではないかと推定される。

　本書の特徴の一つに、調査協力者全員が、インタビューで用いた言語である手話と、論文を記述する言語である日本語とのバイリンガルである点が挙げられる。このため、翻訳に先立って両言語の差異を考慮し、たとえば一人称[4]については「私、僕、俺などの中で、どれを使いますか？」といったすり合わせを、調査協力者と筆者との間で行うことが可能であった。また、「です・ます」といった敬体や「よね」といった会話体の使用に関しても、インタビューの場の雰囲気や協力者と筆者との距離感を考慮しつつ「こんな感じでどう？」と相談しながら選択した。

　本書においては、Nida(1964)の述べるように「形式的等価性」よりも「動的等価性」を優先させ、手話単語を逐語訳する姿勢はとらない。翻訳に際して日本語の単語を選択するにあたっては、各調査協力者との日常的な付き合いや、これまでに当該協力者から受け取ったファクシミリ、メール等に書かれた日本語の文章を参考にして、該当する協力者の使用語彙に含まれると考えられる語を選択した。文章化がいったん終了した後、各協力者に自身の語りを読んでもらい、必要に応じて加筆・訂正を行い、また論文掲載の可否を諮った。その際に配慮する点として、多くのろう者にとって日本語は第二言語でありそのリテラシーは高いと

は言えないことが挙げられるかもしれない。しかし本書での調査協力者たちは、第4章1.3節に記すように理容師国家試験に合格した学力の持ち主であり、日本語の読み書き能力が高い。さらにはチェックをお願いした文章は自身の語りであるため、その内容を熟知している。こうした点から、本書でのライフストーリー・インタビューでは、翻訳された日本語文の妥当性について語り手自身に問題なく確認してもらえたと考える。

3.3 調査者のポジショニング

前述のように、質的研究法においては研究協力者と研究者との相互作用が重要視される。この視点から、ライフストーリー・インタビューにおいては聞き手である調査者がどのような立場にあるかも、一つの大きなポイントとなる。この点に関して、小林（桜井・小林 2005: 241）は「ライフストーリーは語り手の生きられた経験があらわされたものであるが、その産出の状況的、コンテクスト依存的な特徴をふまえると、聞き手／調査者がいかなる自己であるかが語り手の語りに深く関わっている」と説明する。言い換えれば、調査協力者の語りのなかには、聞き手が誰であっても語られたことと、聞き手が筆者であるから語られたことが含まれているはずであり、さらには聞き手が筆者であるから語られなかったことも存在すると思われる。また、桜井はこうしたアプローチにおいては「何を語ったか」という語りの内容だけではなく「いかに語ったか」という語り方にも関心を向ける必要性があると指摘する。

語りやナラティブは、発話内容を意味するだけでなく言語行為でもある。語ると同時に聞くという両者の言語的なコミュニケーション行為である。したがって、ライフストーリーは、語り手があらかじめ内側に保持していたものがインタビューによって取り出されるのではなく、語り手とインタビュアーの相互行為をとおして構成され

> るもの、と考えられる。　　　　　　　　　　　　　　　（桜井 2012: 65）

　こうした見地から、ライフストーリー・インタビューの内容紹介に先立って、語り手だけではなく聞き手でありかつ調査者である筆者の立場についての説明も必要とされると考え、以下に自己紹介を述べる。

　筆者は聴者の手話学習者である。1992 年に、当時居住していた埼玉県春日部市で市主催の手話講習会入門コースを受講し、続いて市または県が開講する初級コース、中級コース、通訳養成コースを受講した。ただし、当時の講習会では日本語対応手話が主流であった。その後、日本手話の習得を目指して 2009–2011 年にダブル・ピー手話教室「手話寺子屋」を受講し、また日本手話が母語話者であるろう者と日常的に接触できる環境で生活しているが、筆者の手話には最初に身に付けた日本語対応手話の影響が残っている。講習会の受講後、26 年にわたり手話サークル員としての地域活動を続けている。うち約 6 年間は市の登録手話通訳者として通訳業務に携わったが、自身の聴力低下が判明したため辞任した。2012 年に転居後、静岡県伊東市の手話サークル「ゆりかもめ」に所属し現在に至っている。

　研究者としては、2008 年に東京外国語大学アジア・アフリカ言語文化研究所言語研修フランス語圏アフリカ手話を受講したことを契機に、2009 年に同大学大学院総合国際学研究科博士前期課程（言語文化専攻、言語・情報学研究コース）に入学し、語用論の視点から日本手話におけるポライトネスの調査を行った。博士後期課程に進学するに際し、一橋大学大学院言語社会研究科に移り、ろう理容師を対象として、言語的少数者であるろう者がマジョリティである聴者との間でどのようにコミュニケーションを実践しているかを調査している。

　各調査協力者と筆者との関係は次のとおりである。筆者は 2012 年に現在の居住地域である伊東市に転居し、手話サークルに入会した。入会直後に真間（政）さんと親しくなり、互いの住居が近いこともあって、真

間さんご夫妻とは家族ぐるみで付き合うようになった。さらに、地域の手話通訳派遣制度の立ち上げや手話サークル設立に中心的な役割を果たしてきた井上さんともサークル活動を通して出会い、真間さんご夫妻ともども親しく話す機会を多く持った。転居以前の筆者は、ろう学校理容科の存在は知っていたが、首都圏に居住していたこともあり、そこで知り合うろう者はサラリーマンが大半を占め、ろう理容師の知人はいなかった。

　真間さんご夫妻、井上さんと交流を深める中で、平成25年(2013)9月16日に横浜市において開催された第8回全国ろう理容師大会に同行し、全ろ理連の存在を初めて知った。また、同大会は、筆者にとって西島さん、清田さんとの初対面の場でもあった。これを契機に、筆者はろう理容師とそのコミュニケーション実践への興味を深め、また真間さんご夫妻、井上さんから調査協力への快諾を得たため、ろう理容師を新たな研究テーマに設定した。以後、各種イベント等に参加し、多数のろう理容師と親睦を深めた。

　全ろ理連に関わるメンバーへライフストーリー・インタビューを依頼する人選に際しては、現在の同連盟の活動の中心を担う西島さん、役員経験が長く豊富な資料を所持する清田さん、ならびに設立のキー・パーソンである舘野さんを、真間(三)さん、井上さんから紹介していただいた。

　近隣の市に住む西島さんからは、インタビュー終了後も、静岡県聴力障害者理容協会や伊豆ろうあ協会が催す会合やレクリエーション、旅行等に気軽に誘っていただき、何度もお目にかかる機会がある。そのため、こうした折に随時お話を聞かせていただいている。

　清田さん宅への訪問時には、清田さん夫妻と古くからの友人である真間(三)さん、井上さん、ならびにろう学校理容科在学時に清田さんの店舗でアルバイト経験のある真間(政)さんに同行していただいた。その後、清田さんご夫妻と親交を深め、筆者宅に泊りがけで遊びに来ても

らったりといった交流を続けている。

　また、舘野さん宅への最初の訪問時には、舘野さんと長い親交のある真間(三)さん、井上さんおよびもう1人のろう理容師に同行していただいた。舘野さん宅ではご夫妻とお店のスタッフ(ともにろう理容師)も加わり、旧交を温める同窓会のような雰囲気での話し合いとなり、その後、近隣のファミリーレストランに席を移してインタビューを行った。舘野さんへのインタビューは1回のみであるが、平成28年(2016)に群馬ろう理容福祉協会の新年会にご招待いただき、お話を聞いた。平成30年(2018)4月には、群馬県で催行された関東ろう理容連盟創立50周年記念交流会にお誘いいただき、舘野さんはじめ群馬のろう理容師の方々と旧交を温めた。これらに加えて、舘野さんとはファクシミリや手紙で頻繁に連絡を取り合っている。本書においては、舘野さんの了解を得て受け取ったファクシミリも資料として使用する。

　さらに、全国でも有数の繁盛店を経営するろう理容師として、真間さんご夫妻、井上さんの友人である望月さんを紹介してもらい、インタビューと店舗観察を承諾していただいた。望月さんとも、インタビュー終了後も互いの家を訪問し合ったり、筆者の所属する手話サークルのイベントに参加してもらい飲食をともにするといった交流が続いている。

　いっぽう、ろう理容の歴史を研究中の山本さん(岡山県青鳥理容文化会所属)に関しては、筆者と山本さんとが取材のため、それぞれ個別にろう理容界の大御所である舘野さん宅を訪れたことを契機に、舘野さんからご紹介いただいた。以後、同じテーマを調査する研究者として互いに連絡を取り合った。平成29年(2017)4月17日関東ろう理容連盟主催の山本さんの講演会(テーマ「ろう理容の歴史」)で初対面を果たした後、山本ご夫妻が筆者宅を訪問されたり、筆者が岡山にお邪魔するという交流を通じてインタビューをお願いするとともに、調査結果についての情報交換や検討を継続している。

　このように、ろう理容師たちのネットワークを介した機縁法の手段に

よって、1人の研究者という立場ではなかなか接点を見いだせなかった
であろう西島さん、清田さん、舘野さん、望月さん、山本さんから調査
への協力を得ることができたことは、非常に幸運であった[5]。真間さん
ご夫妻と井上さんには、調査協力者の立場にとどまらず研究のコーディ
ネーターのような役割も果たしていただいた。

4. 店舗観察

　ろう理容師と聴者の客との間で実際にどのようなコミュニケーション
がなされているかを観察する為、それぞれ独自の特色を有する3店舗
（真間さんご夫妻の店、井上さんの店、望月さんの店）を選んで見学させ
ていただいた。それぞれの店舗の開店に至るまでの流れと、現在の状況
を第5章2節にまとめる。

5. その他の調査

　さらに、全ろ理連の協力を得て、アンケートを実施した[6]。アンケー
トに用いる文章表現については、ろう者がスムーズに理解できるよう、
ろう者である友人および全ろ理連の西島理事長からアドバイスを得た。
その結果を第5章3節において報告する。

　また、関連分野の文献等を調査した。全ろ理連に関しては、関係各位
のご厚意により多数の資料を入手することができた。また、ろう理容師
自身ならびに関係者による語り（文書化された手記、DVD、テレビ番組
等）を収集し、インタビュー結果と並ぶ質的データとして用いた。

6. 研究倫理

　本書における研究倫理については、一橋大学大学院言語社会研究科の
研究倫理に関する基本理念と方針、日本手話学会等の定める倫理綱領や
その他の資料を参照し、十分な配慮を払って調査協力者に不利益や不快
感を与えるような事態の防止に全力を尽くす所存である。

第 3 章　ろう理容師たちとの邂逅と交流　**55**

　本書の元となる一橋大学に提出した学位論文「ろう理容師たちのライフストーリー」では、調査協力者を A さん、B さんといった仮名で表示した。今回、本書の出版にあたって調査協力者と話し合う中で、何人かの方から「あえて仮名にする必要性が感じられない」とのご意見をいただいた。改めて全調査協力者に確認したところ、全員から実名表記の快諾を得たため、本書では調査協力者の方々ならびに店舗観察を実施した理容店の実名を掲載する。ただし、インタビューの語りに登場する修業時代に勤務した理容店の中には、既に閉店した店など確認できないケースも多く、そのような場合には「A 理容店」のようなイニシャルで表記した。また、インタビューからの引用や店舗観察の記述等にあたっては敬称「さん」を使用するが、参考文献となる全ろ理連記念誌や書籍等の各種刊行物や資料から引用する個人名には敬称は付けない。したがって、同一人物についてさえも敬称の有無が異なるケースもある。これらは論文等の記録作成上の慣習に従うものであり、他意はない。

　いずれの場合も、桜井（2012: 153–154）の述べる「調査者は調査協力者が自らの経験を語ることによってリスクを背負う事態を避け、なにごとにも誠実に対応することにつきる」という姿勢から逸脱しないことを調査の基本とする。

1　ライフストーリー研究会例会（2016 年 4 月 22 日、於立教大学）での発言。

2　同様の状況を J.Ong（1982）からも読み取ることができる。ここで述べられる Orality とは声に出されたことばであり、文字化されたことばである Literacy と対峙して捉えられる。いっぽう、手話は物理的な音波としての「声」を媒介手段とはしないため、字義通りの意味では Orality の範疇には属さない。しかし、手話は Ong の述べる声の文化の特徴をあますところなく備えている。

3　「分厚い記述（thick description）」とは、Geertz（1973）が提示した概念で、ある行動やことばを表面的になぞるのではなく、それが埋め込まれた文脈や、さらには文化

を多層的に把握して理解できるような記述を指す。

4 日本手話においては、一人称を示す表現は、基本的には一つ（自分を指さす）である。

5 望月さんは「あなたが大学の研究者というだけなら、うちの店は忙しいので見学は断ったかもしれないけど、『ゆりかもめ』の会員と聞いたので OK しました」と語った。

6 巻末資料参照。

第 4 章

ろう学校での体験
─口話教育の厳しさ・懐かしい理容科での思い出

1. ライフストーリー・インタビュー

1.1 それぞれの生い立ちとろう学校入学

　本書の調査協力者たちの失聴時期やろう学校への入学時期等はそれぞれ異なるが、全員が第2章で述べた口話教育一辺倒の時期に教育を受けた。生後まもなく失聴したと推定され幼稚部からろう学校に通った井上さん、3歳で高熱のため失聴したが小学校は普通校で過ごし中学からろう学校に入った清田さん、ならびに中学2年生の時に事故により失聴し中学卒業後にろう学校に進んだ舘野さんへのライフストーリー・インタビューの中で、ろう学校への入学事情や、学習体験に関する語りを以下に紹介する。

1.1.1 井上さん(早期手話話者)へのインタビュー

| ろう学校入学 |

> 筆者：聞こえなくなったのは？
> 井上さん：戦争中に生まれたので、生まれつき聞こえなかったのか、または何かのきっかけで途中で聞こえなくなったのかはわからない。たぶん、戦争中に病気にかかり高熱が出て、そのまま聞こえなくなったのだと思う。
> 筆者：高熱…聞こえた記憶はないの？

井上さん：ない、ない。太鼓の音くらいは聞こえるけど、それ以上は無理。全く聞こえません。

筆者：聞こえないとわかったのはいつ？

井上さん：え～と、昭和 22 年頃、品川ろう学校に行ったときに、先生からはっきりと「ろうです」と言われた。その時、お母さんは「ああ」とわかりショックを受けた。

　第二次世界大戦末期の昭和 19 年生まれの井上さんは、当時の混乱した医療事情もあり、出生時から聞こえなかったのか乳児期に失聴したのかは判然としない。井上さんには「音」を認識した体験がない。上記の「太鼓の音くらいは聞こえる」という発言は、太鼓の振動を体感できるということを意味する。ろうと判明した後、井上さんは品川ろう学校幼稚部に通うことになる。4 歳でのろう学校入学は当時としては早い方である。

井上さん：4 歳の時に、お母さんに連れられて品川ろう学校に入った。なぜかと言うと、その理由は、お母さんに「上手に声が出せるようになってほしい」と言われたから。けれど、僕には声という意味もわからなかった。その時は手話もできないし、声を出すことも知らなかった。まったく何もわからない状態で学校に入った。たとえば、「モモ」、「リンゴ」、「トウモロコシ」といった名前も知らなかった。実物は目で見てわかったけれど、それに名前があるということは知らなかった。で、ろう学校へ入ると、リンゴやモモの絵が貼られていた。先生がその絵を指さして、「モモ」と言う。僕はその真似して、声は出ないけれど「モモ」と言う形に口を動かすと、頬を撫でて褒めてもらえた。先生が「モモ」と発声する時に振動を感じ取れるように、先生の喉を触ったり鼻の横に指をあてたりした。けれど、僕には声を出すことはできなかった。とりあえず、「モモ」、「リンゴ」、「トウモロコシ」と言う形に口を動かす練習をした。

先生の口の動きを真似て、「ア・イ・ウ・エ・オ」と言う形に口を動かす。それができるようになると、次に声を出す練習をした。僕は、「アー」と言っている先生の喉に手を当てて「なるほど、声が出ているのだ」とわかった。僕も真似をして「ア、ア、ア」と言ってみる。先生に「アーと息を長く、長ぁく」と言われても、僕は「ア、ア、ア」と息を短くして言うことしかできなかった。それに、特に苦手だったのは「カ行」。「カ」と言う時の先生の喉に手を当てても「ア」はわかるけれども「ア」と「カ」がどう違うのかはわからなかった。先生が手話で「カ」、「カ」と表してくれるが、「カ」とはどういうものなのかはわからなかった。「カ・キ・ク・ケ・コ」を除くと、「ラ・リ・ル・レ・ロ」は、舌を外側に向けて巻き出すのでわかった。「ハ・ヒ・フ・ヘ・ホ」は、火のついたロウソクを手にもって発声し火を消さないように炎を揺らすことで「あぁ、なるほど」と理解した。そんな練習を繰り返した。「今日で終わりかな？」と思っても、次の日にはまた同じことを練習した。幼稚部の1年、2年は毎日、そんな練習の繰り返し。昭和26年までの2年間、毎日毎日口話教育を受け続けた。でも良かったことは、口話教育を受けたからことばを覚えた。4歳まではことばを知らなかった。4歳になってことばを覚えると面白かった。うんうん。

けれど、同じクラスの中には、口話が得意で早く上達する人もいたし、「ダメ、ダメ」と言われる人もいた。たとえば昭和24年には幼稚部の1クラスには50人くらい生徒がいた。

筆者：50人！

井上さん：今の（ろう学校の）幼稚部では、1クラスに何人くらい生徒がいるの？　2人か3人だよね？

筆者：そう、そうです。

井上さん：僕のころは50人以上いた。

筆者：50人…

井上さん：その中で、声を出すのが上手な人から順番に廊下に名前が貼りだされた。発音が優秀な人がトップ、以下、2番、3番、4番…と言う具合に。僕は、53人中47番、ダメだった。その理由は「カ・キ・ク・ケ・コ」ができないから。他にも「サ・シ・ス・セ・ソ」ができない子もいた。「サ」と言おうとしても「タ」になってしまう。「サ行」が発音できない。僕も同じように「カ行」ができない。そんな子達が10人くらいいた。

　井上さんの語りから、当時のろう学校での口話教育の様子がよくわかる。クラスの生徒数が50人という中での発音訓練は、教える方も教わる側も多大な負担があったと推定される。小学部では、口話の得意な生徒と苦手な生徒をそれぞれA組B組と分け、教育委員会等の視察団は常にA組を見学したとのことである。井上さんは「（視察時には）僕らB組は、運動場で体操ばかりやらされた」と笑う。

| 手話禁止に反発 |

　当時のろう学校では授業が口話で進められていたのみならず、休み時間等に生徒同士が手話でお喋りすることも口話習得の妨げとなるとの理由で禁じられていた。中学部時代に生徒会長を務めた井上さんは「手話解禁」を訴えて学校と交渉し、手話の使用を認めさせた。

筆者：前に聞いた話なんですけど、ろう学校の時に「手話禁止」に反発した話を聞かせてください。
井上さん：はい、はい。僕の学校では、口話教育を非常に尊重していて、校長もほかの先生たちも全員「口話教育が大切」という考え方を強く持っていた。そのため「手話を広めることは厳禁！」と言われ、手話を使うとビンタや廊下に立たせるなど、厳しい指導が行

われていた。そんな状況の中、自分たち生徒はとても苦しい思いをしていた。生徒会の集まりで「手話禁止は不満だ。話し合いが必要」との声が上がった。生徒会長をしていた僕はみんなの意見をまとめて校長に会いに行き、「手話を禁止されては困る。手話は必要です」と説明した。その時の僕はまだ勉強不足で考えが十分ではなかったため、単に「手話がダメなのは困ります」と言うだけで深く掘り下げて説明することはできなかった。その結果、校長からは「ダメ」ときっぱりと断られてしまい、仕方なく引き下がった。そのあと、手話は一切使えなくなって、口で「パ・パ・パ・パ」と話すだけになってしまった。自分たち生徒は本当に苦しくてうんざり。1週間後、他の生徒5人と僕計6人で校長にもう一度会いに行った。「手話禁止は不満。もしも手話禁止の状態が続くのであれば、僕たちはろう学校を辞めます。行事にもすべて欠席、運動会にも出ません」と強く訴えた。校長は「学校を辞められては困る」と思ったので、全職員で我々の要求について協議を行った。その結果「手話、口話、どちらでも自由にどうぞ」と言われた。

筆者：おぉ、すごい！

井上さん：みんな喜んで「ばんざい、ばんざい」と言ったのを、懐かしく思い出します。

筆者：その時、井上さんは中学生？

井上さん：そう、中学3年の時。僕が生徒会長だった。それまでは生徒会長といえば頭のいい勉強のできる生徒が歴代選ばれていたのだが、僕の場合は「勇気がある」と言う理由で生徒会長に選ばれた。喧嘩が強く勇気があるから（笑い）。勉強は普通だったけれど、勇気があってみんなの代表として話すこともできるからと、生徒会長になった。

井上さんが昭和19年生まれであることから、上記は昭和34年頃の出

来事と考えられる。同様の口話強制・手話追放に関するろう学校生徒からの学校への異議申し立てとしては、ろう運動の分野では「3・3声明」として良く知られた事例がある。昭和40年(1965)、京都府立聾学校高等部生徒が、プールの清掃問題を契機に学校行事への参加をボイコットし生徒集会を開いた。背景には口話絶対主義があり、話し合いの食い違いから教師が差別的言動をとったことが、生徒らの猛反発を呼んだ。京都府ろうあ協会は、学校側のろうあ者に対する差別であるとの視点から事件の経過と抗議を昭和41年(1966)に発表した(全日本ろうあ連盟1991: 413–416)。同様の抗議行動は、群馬県立ろう学校でも行われている。昭和43年(1968)3月、高等部1・2年生が、音声による授業がわからず苦痛に感じることに対する改善を求める要望書を教師に提出した。しかし、新年度になっても同じ状況が続いたため、夏休み前の期末テストで2・3年生全員が白紙答案を提出するという形で抗議を表明した結果、教師たちが徐々に手話を使うようになった(日本聴力障害新聞、2015年7月号)。また、米内山(2000)は、学芸会での芝居をすべて口話で行うようにとの教師の指示への反発を契機に、小学6年から中学部卒業[1]まで声を出さずに過ごしたと、個人レベルでの抵抗の意思表示について述懐する。このように、口話教育全盛期においても、各地のろう学校で生徒たちによる抗議がなされていた。こうした行動は、その時点では連帯には至らなかったが、通底する流れとなって手話の復権へつながったと推定される。

| 口話教育への思い |

　ろう学校中学部では、手話厳禁に対する抗議運動の先頭に立った井上さんであるが、意外なことに口話教育は必要だったという見解を語った。

井上さん：僕が「カ・キ・ク・ケ・コ」が発音できるようになったのは、

えーっと、小学4年か5年の時。つまり、7年間かかって、やっと「カ・キ・ク・ケ・コ」が言えるようになった。

筆者：へぇーっ！

井上さん：きっかけは何かというと、口話教育の関係で、1週間に1回か2回、お母さんと一緒に登校しなくてはならなかった。そんな時、帰り道で野良犬が捨てられているのを見て、僕はその犬を連れて帰りたかった。けれども、お母さんに「ダメ」と言われた。僕は犬を抱き上げてお母さんを追いかけたけど、お母さんは「ダメ、ダメ」と言うだけ。お母さんと僕との距離がどんどん離れてしまい、呼び掛けてもお母さんは聞いてくれない。で、近くにあった小石を拾って投げたら、お母さんの頭に当たってしまいお母さんは倒れた。僕は「しまった！」と思って、あわてて駆け寄ると、お母さんはやっぱり小石が当たって血を流していた。その時に「オカアサン」と呼ぶことができた。それまでは、ずーっと「オアーサン」としか発音できなかったんだけど。「カ・キ・ク・ケ・コ」がまだまだ言えなかったんだけど、その時のショックがきっかけで「オカアサン」と言えた。はっきりと言えたわけではないけれど、なんとか「オカーサン」と言えた。

お母さんに「そうそう、それでいい」と言われ「あ、これが『カ』なんだ」とわかった。「カ、カ、カ」と繰り返すと、お母さんは「そうそう、そう」と手をたたいてくれた。それで、やっと「オカアサン」と言うことができた。その時、お母さんは感動して凄く泣いていた。石が当たったから痛くて泣いているのかなと思ったけれど…（笑い）。

筆者：うーん（笑い）。

井上さん：そうじゃなかった。石が当たった痛さよりも、僕が「オカアサン」と言うことができたことのほうが嬉しくて泣いていた。その時のお母さんの表情や様子は本当に忘れられない。僕は70歳

> になったけど、今でも思い出すことができる。口話教育に対しては、
> いろいろな批判が多数あるのは承知している。けれども、こんな理
> 由で僕は口話教育は必要だと考えている。

　上述のように、ろう学校入学時の井上さんの母の願いは「上手に声が
出せるようになってほしい」であった。現時点で考えれば、ろう者は手
話という少数言語の話者であり、自身の言語を使用する権利が侵害され
てはならないのは当然である。ただ、人は社会の文脈の中で物事を捉
えて感じ取る。聞こえないことが「不幸な欠損」とされた井上さんの子
供時代に、「少しでも話せるようになってできるだけ聴者に近づけたい」
というのは多数の親に共通した思いであったことを念頭に置いたうえ
で、井上さん母子の気持ちを理解したい。

1.1.2 清田さん(後期手話話者)へのインタビュー

　清田さんの場合、3歳で聞こえなくなったが一般の小学校に入学し、
その後ろう学校中学部に入学し、そこではじめて手話に接した。

| 小学校時代 |

> **清田さん**：僕は、昭和 13 年生まれ。3 歳の時、中耳炎にかかったの
> が原因で、耳が聞こえなくなった。でも、最初からろう学校じゃな
> いよ。昭和 19 年、普通の人[2] の小学校に入った。小学校 6 年まで
> 普通の学校。
> **筆者**：小学校に入った時、耳が悪いことはわからなかったんですか？
> **清田さん**：聞こえないことはわかっていた。3 歳で聞こえなくなった
> から。聞こえないけど、まわりの友達と遊んで話もしていたから、
> お母さんが普通の学校に入れた。でも、だんだんついていけなく
> なって、6 年生で卒業するときに普通の中学校は無理だと言われた。

漢字もよくわからない。いろんな教科がわからない。算数だけ得意
だった。

筆者：小学校の時は、普通校でしょ、コミュニケーションはどうし
てたの？

清田さん：口話。口話しかわからないもん。

筆者：相手から言われたことはわかったんですか？

清田さん：向き合って言われると、ちょっとはわかる。授業中は無理。
先生が黒板に向かって、字を書きながら話すよね。僕には先生の口
が見えない。困って隣の人の帳面を見せてもらったりした。すると、
叱られた。

　井上さんの母と同様に、清田さんの母も息子に対して「できるだけ聴
者に近づいてもらいたい」との思いを持っていたため、ろう学校へ入れ
るのにはためらいがあったとの事である。

　几帳面な清田さんは、小学校およびろう学校時代の通知票を保管して
いて、見せてもらうことができた。小学校5、6年時の「家庭通知簿」
を見ると、体育と図画工作の成績が良いいっぽう、国語、社会、理科、
音楽、家庭の各教科は点数が低い。生活態度についての所見欄には、「授
業中の態度が不規律になりがちです（5年生3学期）」、「学習倦みやすい
（6年生1学期）」等と述べられている。聴力が低いため、先生の話や指
示が聞き取れず把握できないことが、生活態度に対するこうした評価に
つながったと考えられる。ただし身体状況の欄には「中耳炎」と記載さ
れているので、聴力に問題があったことは教師も掌握していたと考えら
れる。

　小学校卒業時に、このまま一般の中学校へ進学すると学習面での遅延
が深刻になるのでろう学校へ入学するよう、教師から勧められたとのこ
とである。ただし、小学校における清田さんとクラスの友達との関係は
良好であったようだ。後に理容店を開店した時には、小学校の同級生た

ちが「大丈夫かな？」と心配して様子を見に来た。清田さんが立派に開業していることを喜んだ彼らは、その後は常連客として来店してくれたとのことである。

清田さん：中学校からろう学校に入り、良かった。元気になった。食べる量も増えたし、野球もやった。体も大きくなった。転校に不安はあったけど、勉強のことや学校での生活のことを考え、思い切って転校したことは、自分の一生にとって大変よかったことだと、今、つくづく感じます。そして、卒業後、理容の仕事の腕を磨いて、自分のお店を持ってお客様に来てもらいたいという気持ちになった。

筆者：ろう学校に入った時、まだ、手話は知らなかったのですか？

清田さん：ろう学校に移るように言われたので、しかたなく入学した。入っても、手話はまったくわからない。面倒なので、口話でしゃべっていた。でも、話が通じない。みんなが「あ、清田は半分聞こえる」といって、その時に、「清田（半聴こえ）」というあだ名[3]がつけられたわけ。

筆者：ああ、清田という名前の表現…手話を覚えるのはどうでした？

清田さん：うん、半分、忘れてしまう。声と手話を同時に表現するのはできない。手話だけだと OK。声をつけると手話を表すことを忘れてしまう。口話と手話とを行ったり来たり。手話を上手に使えるようになるには努力が必要でした。

　ろう学校入学後は成績が上昇し、通信票の所見欄にも「明朗快活大変結構です。クラスの信望も厚く、よい性格です（高等部2年生1学期）」、「学年を通じ常に安定した行動をとった。人とは良く接し協力して物事をやる。勤労を喜び、持久力もある。また、自制心も強く、しかも人の立場を受け入れることができる。目上の人をば尊敬し、礼儀も正しい（高等部3年生3学期）」等、高い評価が記されている。入学当初の清田

さんは手話がまったくできなかったため、同級生とのコミュニケーションには苦労が多かったようである。ただし、授業では手話が用いられなかったため、学習面でのハンディは少なかった。清田さんにとっては、当時のろう学校で手話が禁止されていたことが有利となったという皮肉な現象である。

1.1.3 舘野さん（後期手話話者）へのインタビュー
　中学2年まで聴者として過ごした舘野さんは、音声日本語を完全に習得したのちに手話使用者となった。井上さんとも清田さんとも異なる成育歴の持ち主である。

| 事故による聴力損失 |

> **筆者**：お生まれは？
> **舘野さん**：昭和14年生まれ。6歳の時、前橋市大空襲があったのを鮮明に覚えています。
> **筆者**：聞こえなくなったのは、おいくつの時ですか？
> **舘野さん**：13歳、中学2年でした。僕は餓鬼大将で、部下を引き連れて遊びまわっていた（笑い）。9人兄弟の7番目でした。すぐ下の妹は、男の子ばかり続いた後で生まれた女の子ということで、親にとても可愛がられて育ったので生意気で、僕とはよく喧嘩した。その時も妹と喧嘩して親に叱られたので、逃げ出して家の大屋根に上った。カラスの巣がいくつもあったのを覚えている。大屋根の上でそのまま眠り込んでしまい、転落した。その事故が原因で失聴しました。意識が回復した後、兄弟が口をパクパクさせているのはわかるのだけれど、声が全く聞こえなくなっていた。両親が心配して市内のあらゆる病院で診察を受けたが、回復は無理だと言われた。東大病院にも連れていかれたが、やはりだめでした。

その後、中学校に復帰しましたが、先生の言っていることがまったくわからず、うつむいて机ばかり見ていた。そんな状態なので、卒業するころの成績は「オール1」でした。

中学卒業後は、ろう学校についての情報もなく、進学は無理ということで家で農作業の手伝いをしました。「ずっと、こうして一生を送るのかな」と暗い気持ちで…

当時は障害者差別がひどく、聞こえない子供がいるのは家の恥とされた。兄弟の縁談の折には、僕の存在は内緒にされるといった状況でした。

舘野さんは、事故による突然の失聴後、「家の恥」とみなされるという厳しい状況で過ごさざるをえなかった。中学校卒業当初はろう学校についての情報も得られなかったようであるが、幸運なことに、親戚からろう学校受験を勧められた。

| ろう学校入学 |

舘野さん：たまたま、叔父がろう学校の先生と知り合い、「自分の甥に聞こえなくなった子がいる」と話したところ、ろう学校への入学を勧められました。そこで、群馬県立ろう学校を受験した。ろう学校の入学試験は、小学校4、5年レベルの内容だったので楽に合格でき、中学を卒業した年の9月から通うことになりました。その時は中学3年のクラスに編入しました。本来は高校1年の年齢だったけれど、当時のろう学校には様々な年齢の生徒がおり、ずっと年上の同級生もいたので年齢差は気にならなかったわけです。ろう学校では、中学校とは打って変わって成績は「オール5」になりました（笑い）。学習進度が違ったから。ただ、手話を覚えるのは大変でした。

> **井上さん：**舘野さんは、僕が知り合った頃[4]も、手話はまだまだだったよね（笑い）。
>
> **舘野さん：**そうそう、本当に手話ができるようになったのは（ろう者である）妻と結婚した後だから（笑い）。群馬県立ろう学校では、木工、縫製、理容の3コースがあり、親には木工を勧められたけれど、自分には理容の方が合っていると思って理容科を選びました。

　舘野さんの場合、音声日本語を完全にマスターした後で聴力を失くした。清田さんと同様に、舘野さんも手話経験がまったくない状況でろう学校に入学した。ろう学校での学習は板書を書き写すことが中心であり、普通校とろう学校との学習進度の差もあって、「オール1」から「オール5」への劇的な変貌となった。

　のちに、舘野さんは全ろ理連結成の中心メンバーとなる。舘野さん自身のリーダーとしての資質に加え、その成育に由来した優れた口話および文章力による聴者と対等にわたりあえる能力が、こうした活動におおいに役立ったのではないかと推察される。

1.2 理容科への進学

　理容科の設置が相次ぎ、それに伴い在籍生徒も激増した昭和30・40年代には、ろう学校の生徒たちはどのような状況で理容科への進学を選択したのであろうか。理容科進学を決めた理由として、真間（三）さんは家業（八百屋）を継ぐのは難しい状況の中で、ろう者がプライドを持って生きるには理容技術を身に付けるのがいいと親に勧められたと述べている。

> **筆者：**2人が学校に通っていたとき、理容科は人気があったの？
>
> **真間（政）さん：**昔？　そう、人気があった。
>
> **真間（三）さん：**そうそう、人気があった。けれど、それよりもお父

さんやお母さんが「いいよ」と勧めることが多かった。

筆者：それは、なぜ？

真間(三)さん：ろう者がプライドを持って生きるには、理容技術を身に付けるのがいいと勧められた。なぜかと言うと、うちの親は商売をしていた。八百屋でね、野菜、果物など売っていた。でも、僕はろうだから(八百屋を継ぐのは)だめ。別の進路として理容科を勧められたというわけ。

筆者：お父さんは床屋さんじゃないのね。

真間(三)さん：ちがう、ちがう。本来なら息子が商売を継ぐのだけれど、僕はろう。筆談での商売は無理だし、車の運転もダメ。昔は(免許が)[5] 取れなかったからね。会話や電話も無理。で、理容店がいいと言われ、沼津ろう学校の理容科を勧められた[6]。

　しかし同級生の中には、理容科を辞めて他の職業科に移る人も目立ったという。

真間(三)さん：辞める理由はね、土曜・日曜が休みのろう者が多い。休日は友達と会って遊びたいよね。でも床屋は月曜か火曜が休日。

筆者：卒業後？

真間(三)さん：そうそう社会に入ってから。(他の職種には)日曜が休日の人が多いので、理容科を辞めてしまう。友達と会って仲良くしたいから。僕は、違った。休日は月曜でも構わない。自分で店を構えることが目的なので、技術を身に付けたかった。自分で決めた仕事だから、我慢。我慢。

　真間(三)さんの語る友達と休日が違うという点に関して、強い結びつきが見られるろうコミュニティの親密さを考えると、手話で語り合えるきわめて人数の限られた仲間と休日が合わないということは、聴者の感

覚と比較するとはるかに大きな問題点であろう。「自分で店を構えることが目的なので、技術を身に付けたかった。自分で決めた仕事だから、我慢。我慢。」という真間(三)さんのことばからは、独立を目指す強い意気込みを感じ取ることができる。

　同様に、井上さん(昭和38年卒業)も周囲(先輩)に勧められて理容科に進んでいる。井上さんの場合は、中学まで在籍していた品川ろう学校には理容科がなかったため、進学先を平塚ろう学校に変えるという選択を行っている。井上さんの語りから、こうして理容科に入学したのはどのような生徒たちであったかがうかがえる。

> **筆者：** 理容科を選んだのはなぜ？
>
> **井上さん：** う〜ん、たまたま、品川ろう学校の先輩たちの中で、卒業後、平塚ろう学校に変わる人が何人もいた。4人か5人。僕を可愛がってくれていた先輩も平塚に変わったので、「なぜかな？」と思って理由を聞いてみたら「理容科がいいから行く」との答えだった。「僕もそうしようかな」と言うと、「おいでおいで」と誘ってくれたので、品川ろう学校をやめて、平塚ろう学校に行ったというわけ。
>
> **筆者：** 人間関係みたいな感じで選んだ…
>
> **井上さん：** そうそう。
>
> **筆者：** 勉強の内容は厳しかった？
>
> **井上さん：** そう、実は理容科に入る前に志望者に対して選考があって、中学3年までの学力を調べられる。たとえば、通信簿に「5」や「4」が並んでいる人は理容科に入学がOK。「3」以下の人は、学力的に理容科の授業についていくのは無理だという理由で、木工科や和裁科に振り分けられた。理容科には頭のいい人だけが集まった。
>
> **筆者：** 試験に受かる必要があるから？
>
> **井上さん：** そうそう、3年後に国家試験があるから学力が必要。学力の低い人が来て、試験に何度も落ちては困るというのが理由だった。

ろう学校理容科の黄金期であったともいえる昭和30・40年代におい
ては、ろう者が選択しうる職業範囲の中で、理容業は社会的地位におい
ても収入においても際立って有利であった。インタビューでの言説か
ら、当時は国家試験合格が見込める高い学力を持ったろう学校の生徒た
ちが理容科への進学を勧められ、また本人たちも旺盛な自立心と熱意を
持って進学し学習に励んだことが明らかとなった。この時期のろう学校
理容科は、いわばエリートたちの進学先であったといえよう。後述のよ
うに、彼らのほとんどは理容店の生まれではなく、卒業後、修業期間を
経て自身で新規開店を行っているケースが多い。

　真間(三)さん・真間(政)さんによれば、高等部理容科に進学後も、小
学部・中学部と同様に、口話中心で授業がすすめられたとのことである。

筆者：先生はみんな聴者？

真間(三)さん、真間(政)さん：そう。全部聴者。

真間(政)さん：ろう者はいなかった。

筆者：教える方法は？

真間(三)さん、真間(政)さん：黒板に書く。

筆者：板書ね。大変。

真間(政)さん：それに(先生が)口を大きくあけて話す。

筆者：口話。

真間(三)さん：口話、口話。

真間(政)さん：黒板に書かれたとおりに、きっちり写した。

　しかし、ここで注目したいのは、第2章4節に記すように、たてまえ
上は「手話厳禁」とされた当時のろう学校で、理容科の中では手話を使っ
た指導も行われていた学校もあったという点である。水戸聾学校梅原晶
校長の引用する細谷勝志(学校薬剤師という立場から理容科講師として
指導)の回想を次に示す。

理容科設立とともに講師を委嘱されたのは、一九六七年。翌年四月から週二回四時間の授業を受けもつ、地道で長い歩みが始まった。(中略)言語を聞き分けることのできない生徒への教育には、当然困難がつきまとう。「生理解剖学、皮膚科学、消毒学、伝染病学の四教科を教えたが、何よりも、生徒に専門用語をいかに理解させるかと言うことに大変苦労した。そのために、手話や口話をはじめ、黒板や模型を使うなど、あらゆる工夫も行った」と振り返る。そして、いつしか日常会話程度の手話は自然と身に付いていた。

(全国聾学校理容科・美容科研究協議会 2013: 72)

また、昭和45年から平成元年まで青森聾学校で実習講師を務めた佐々木ミヤ子も、生徒から手話を学んだとの同様の体験を語る。

学校では口話法が主体の時代でしたが、生徒同士は意志疎通の手段として手話を多く使っていたので、実習助手として理容科に配属になった私は生徒の口話も手話もほとんど読み取れませんでした。生徒から手話を教えてもらいながら、専門用語等の説明は筆記で行いました。 (全国聾学校理容科・美容科研究協議会 2013: 111)

この点について井上さんに確認したところ、以下の回答を得た。さらに、何人もの他のろう理容師たちから「当時のろう学校では、表向きは手話は禁止されていたけれど、実は先生たちは手話ができ手話で教えてもらうこともあった」という話を聞いた。

筆者：資料を読むと、先生たちは一生懸命手話を覚えて、日常会話くらいはできるようになったと書いてあったけど、当時は手話は厳禁でしたよね。実際の状況はどう？
井上さん：理容科の先生たちは、手話を使って教えてくれた。たと

えば実習の時、「ハサミはこのように持って」とか「ここはこう切るように」とか。口話じゃ無理。先生たちは手話ができたよ。

筆者：でも、幼稚部、小学部、中等部では、手話厳禁で口話だけでしょ？

井上さん：そうそう、つらかった。だから高等部理容科に入って手話が使えたので、気持ちがパーッと明るくなった。でも、同じ高等部でも普通科では、相変わらず口だけで「ぱ・ぱ・ぱ」で教えていたけどね。

また、新聞紙や風船を使ったという当時の実習の様子を、真間（三）さん、真間（政）さんの語りから知ることができる。

真間（政）さん：新聞紙を短冊状に切ったものを髪にみたてて、カットの練習をした。

真間（三）さん：そうそう。

筆者：えー、髪の毛に…

真間（政）さん：髪の毛じゃなくて新聞紙でね。長い紙を少しずつ切って、パラパラと下に落としていった。

筆者：面白〜い（笑い）。

真間（三）さん：指の間から新聞紙の短冊を通してカットしていった。

真間（政）さん：そう、指の間に通したよね。頭の模型を使って、いろんな方向から顔剃りの練習もした。そのほかに風船を使ったこともあったよ。風船で顔剃りの練習をして、割ったらだめ。風船を剃った。

筆者：へぇ、柔らかぁく。

真間（政）さん：優しく優しく、剃った。

また、校内の教職員や生徒にモデルになってもらったり、さらには近

所の人を対象に格安料金で実習させてもらったとのことである。

真間(三)さん：昔は、本物の顔も使って顔剃りをやった。

筆者：え、友達？

真間(三)さん：友達だけじゃなくて。友達や先生。

筆者：先生？（笑い）

真間(三)さん：暇な先生が来てくれる。練習台にね。髭剃りをした。濃い髭の人や、そうじゃなくて普通の髭の人とか。誰が来てもいい。お金ももらった。安いけどね。50円だったかな？

真間(政)さん：200円？

真間(三)さん：100円とか150円とか、昔だからね。

真間(政)さん：外部の人が来ても構わなかった。

真間(三)さん：なるほど、そうそう。

筆者：へぇぇ。

真間(政)さん：近所の人たちが散髪にやってきた。安いから。高い技術を望む人はちゃんとしたお店に行くけど、修行中でも構わないという人は安いから（ろう学校に）散髪に来た。

真間(三)さん：そうそう。

1.3 国家試験

　昭和22年(1947)に理容師法が制定される以前は、理容業・美容業は「理髪」と呼ばれ、各都道府県の制定する規則下において管理されており、初期には届け出制が採られていた。大正6年(1917)に大阪府において実施された全国初の理髪師試験に続き、各都道府県において試験制度が導入された。しかし、当時の試験は、各都道府県が任意に定めた条例に基づくものであり、その実施時期内容ともに統一されたものではなく、さらには未実施の地域も少なからずあった。このような状況下において、関係者の間で内務省令による全国統一理髪師試験の実施を求め

る声が高まり、大正15年(1926)には国会に請願書が提出された。上述の徳島県立盲聾唖学校を始めとする初期のろう学校理髪科は、このような時期に設置された

　その後、第二次世界大戦を経て昭和22年(1947)に「理容師法」が制定された。同法では「この法律は、理容師の資格を定めるとともに、理容の業務が適正に行われるように規律し、もつて公衆衛生の向上に資することを目的とする」と述べられ、「理容師試験に合格した者」は理容師になることができると規定されている。この段階では、理容・美容の区別がなされていなかったが、昭和26年(1951)に「理容師美容師法」との名称に改められた。さらに昭和32年(1957)には、美容業界の要望により新たに「美容師法」が制定されたため、理容に関する規定は再度「理容師法」と改称された。その後も何度も内容が改正されながら現在に至っている[7]。

　また、昭和26年(1951)には厚生省ならびに文部省から「ろう学校高等部理容科指定基準」が発令され、全国各地で多数のろう学校に理容科が新設され理容師養成施設としての指定を受けた。本書の調査協力者たちがろう学校理容科で学んだ昭和30・40年代は、理容科設置ろう学校数および在籍生徒数が最大に達するいわば「黄金期」であった。真間(三)さん、真間(政)さんは国家試験の思い出を次のように語る。

真間(政)さん：筆記試験用の勉強をして、みんなで受験会場に行ったよ。一生懸命に勉強して。受験生がいっぱい並んでいる会場にろう者たちも行ったわけ。

筆者：聴者と一緒？

真間(政)さん：そう、ずらっと並んで試験を受けた。

筆者：場所はどこ？

真間(政)さん：横浜。

筆者：ああ、横浜。神奈川だからね。

> 真間(三)さん：僕も同じ。横浜。
>
> 筆者：え、同じ？

　この時期においても、国家試験は依然として都道府県別に実施されており、自分の居住地域外での受験や複数の地域における受験も認められていた。各都道府県が独自の受験問題を作成したため、ろう学校では合格しやすい都道府県を探して受験するという作戦が練られた。昭和35年(1961)に沼津聾学校理容科に赴任した宮本森立は、当時の状況を「静岡、山梨、神奈川など受験した結果、神奈川が一番良いとの感触を受けた(静岡県聴力障害理容協会創立50周年記念誌 2014: 19)」と語っている。静岡県在住の真間(三)さんが横浜で理容師試験を受けたのには、文章題が苦手なろう者にとって有利な受験地を選ぼうとするこうした戦略があったためである。

> 真間(三)さん：実は神奈川で受験したというのは、なぜかと言うと、神奈川は〇×式の試験だったから。〇×だけだと、ろう者は安心して受験できた。でも静岡は違った。文章での答えが求められた。
>
> 筆者：違うの？
>
> 真間(三)さん：そう、書く問題がでた。ろう者は文章が苦手だから、静岡は難しい。だから、最初に神奈川で受験したわけ。
>
> 筆者：なるほど。そういうのは認められるんだ。かまわないの？
>
> 真間(政)さん：昔はね。
>
> 真間(三)さん：〇×式の回答だと、合格しやすい。
>
> 筆者：県によって、やり方が違ったのね。
>
> 真間(三)さん、真間(政)さん：そうそう。
>
> 真間(三)さん：山梨はもっと難しいらしい。〇×式に加えて文章題があり、合わせて2問だって。静岡は1問だけど文章題。神奈川は文章題がなくて〇×で答えるだけだから、安心だった。

> **真間(政)さん**：問題をざっと眺めて、「あ、〇だな、×だな」という
> 感じでわかったところから答案用紙に書き込んだ。
> **真間(三)さん**：そうそう、僕も同じ。
> **真間(政)さん**：違ってるかなと迷ったりしたことも思い出すね。懐か
> しいな。

　また、学科試験とともに実際の人をモデルとした実技試験も行われ、
受験生自身がモデル役の人と同行するように求められたそうである。多
くの場合、家族やろう学校の教職員がモデルを務めた。熊本聾学校教員
であった岡上豊久の回想によれば、当時は次のような状況であったよう
だ。

> 本校職員の中で髭の少ない、切りやすい髪の職員をモデルとして随
> 行し国家試験実技を受験していた。モデルは毎年同じ職員が担当す
> ることが多く、国家試験終了後、「今年の・・さんは、上手だった
> ね。合格大丈夫。」などとベテランの職員から早々に合格のお墨付
> きをもらう生徒もいた（かなり正確であった）。逆に、「・・さんの
> 顔剃りは危ない」とか「カットの状態がいまいち」と判断されることも
> あった。　　　　　（全国聾学校理容科・美容科研究協議会 2013: 42）

　また、井上さんは身近にモデルを頼める人が見つからなかったため、
パチンコ店で客の頭を後ろから眺め、カットしやすそうな人を選びアル
バイト料を払ってモデルになってもらったそうである。
　真間(三)さん、真間(政)さんは、聴者とまったく同等の立場での受験
を次のように回想している。

> **筆者**：試験は筆記と実地？　散髪するの？
> **真間(政)さん**：そう、散髪をやった。私は、足がガタガタ震えちゃった。

三人：(笑い)。

真間(政)さん：足をガタガタ震えさせながら、髪を切ったよ。

真間(三)さん：ドキドキしたんだね。

筆者：若かったもんね。18 ？　19 かな？

真間(三)さん：昔は、椅子が上下可動式ではなくて、固定されていた。

真間(政)さん：そう、大変だったんだ。(中腰になって)こんな姿勢で髪を切らなくてはいけなかったから。

真間(三)さん：僕は背が高いので、中途半端な姿勢でカットしなくてはいけなかった。今はいいよね。身長に合わせて椅子を上げ下げできるから。昔は腰をかがめて髪を切らなくてはいけなかった。大変だよね。

真間(政)さん：そう、腰をかがめてカットしたよね。

筆者：腰も痛い…

真間(政)さん：だから、足がガタガタしたの。

筆者：(実地試験の)時間は長いの？

真間(政)さん：(真間(三)さんに)どれくらいだったっけ？

真間(三)さん：30 分間。

真間(政)さん：そうそう。試験官がストップ・ウオッチを押して「スタート」の合図をするので、散髪を始めた。その 30 分の間、散髪している様子を試験官が見ていた。

筆者：一緒に受けた人たちは、聴者がほとんどだった？

真間(政)さん：そう。

真間(三)さん：ろう者、聴者ともにまったく同じ会場で並んで受験した。

筆者：聴者が多くて、ろう者は少ないよね。

真間(政)さん：そう、(ろう者は)少しだけ。

真間(三)さん：少なかった。

昭和60年(1985)に公布された「地方公共団体等の事務に係る国の関与等の整理合理化に関する法律」により、理容師・美容師試験は厚生大臣が指定する機関[8]に委任されるようになった。平成2年(1990)10月28日に第1回全国統一試験が行われ、以後、毎年春秋の2回ずつ試験が実施されている。またモデルについても、現在では公平を期するために個人差のある人に替えてウィッグが用いられている。

2. 現在のろう学校理容科

　文部科学省発表の特別支援教育資料(平成28年度)によれば、平成28年度(2017)に全国のろう学校における理容科は全10科、その在籍生徒数は32名(うち、本科20名、専攻科12名)である。各ろう学校理容科では、高等部本科のみの設置または専攻科の併設など、それぞれの歴史や現況に即した制度により理容師の養成を実施している。

　調査協力者たちの在学当時のろう学校との比較を目的として、現在のろう学校理容科の状況を調査するため、静岡県立沼津聴覚特別支援学校(平成26年度学校公開、現在理容科には在籍生徒がいないため休止状態)および宮城県立聴覚支援学校を見学した。現在も理容科での指導が実施されている宮城県立聴覚支援学校には、平成26年(2014)9月25日「学校見学会」、同年10月18日「宮ろう祭」、平成27年（2015）9月24日「学校見学会」および平成28年(2016)9月21日「学校見学会」の4度にわたって訪問し、理容科の授業や店舗形式の実習室また文化祭での展示や実演等を見学させていただいた。

　同校理容科は理容師養成施設として厚生労働大臣より指定を受け、生徒たちは高等部3年プラス専攻科2年の計5年間にわたって学習し、専攻科2年在籍時に理容師国家試験を受験する。見学当時において理容科を担当する教職員は、教諭2名(ともに聴者)、実習講師1名(聴者)、実習助手2名(ともにろう者、宮ろう理容科卒業生)の計5名であり、全員が理容師資格を有する。在籍生徒は平成26年度は3名(高等部3年1名、

専攻科2年2名）、平成27・28年度は2名（高等部1年1名、専攻科1年1名）であった。

　実習の授業では、モデル・ウィッグを使ったカットの練習が行われていた。平成26年度を例にとると、生徒数3名に対して教職員数5名という恵まれた状況において、マンツーマンできめ細かい指導がなされている。生徒とのコミュニケーションには、聴者の教員、ろう者の教員とも、状況に合わせた表現手段を適宜選択して使用している。また理容科における学習内容は視覚的要素がきわめて強いため、教員が手指や鋏、櫛といった用具の動かし方、またカットの長さなどを実演してみせることが多い。さらに、ホワイト・ボードを使った図示による説明も多用されている。

　校内には「専攻科理容実習室」という名称で、保健所から許可を得て営業している理容店が設置されている。この理容店には、真間さんご夫妻にインタビューで語ってもらった時代と同じく、一般客が来店する。見学会時には客の来店はなかったが、専攻科の生徒が実際に店内でカッティングやロッド巻きの実習を行う様子を見せてもらった。

　生徒たちに理容科を志望した動機を尋ねると、全員から「小さい時から理容師という仕事に憧れていた」との回答を得た。ずっと同校に在籍している人や、同校幼稚部卒業後、普通小学校を経て理容科進学を希望して中学部から同校に再入学した人、また他県のろう学校中学部を卒業後、理容師を目指すために同校高等部に入学した人など、生徒たちの経歴は多様である。

　ライフストーリー・インタビューの調査協力者たちが、昭和30・40・50年代に自立を目指し、ろう者に適した職業として理容科を選択した状況と比較すると、現在ろう学校理容科に在籍する生徒たちは、ろう者という枠組みにはとらわれず、自身の希望や志向にもとづいて主体的に理容という職業を選択しているように見受けられる。

3. まとめと考察

　調査協力者たちが語る幼少期の思い出からは、我が子が「聞こえない」と判明した時の親達の衝撃、たとえわずかでも聴力を保持しているのであれば、ろう学校を忌避し普通校に入学させたいとの思い、さらにはろう学校に入学した後も、学校における口話教育と歩調を合わせて少しでも聴者に近づけさせたいと懸命な努力を重ねる姿がうかがえる[9]。当時の保護者達が、ろう児の将来を考える際に自立できる職業として理容業が望ましいと受け止めたことは想像に難くない。

　こうした背景から、本書の調査協力者たちは、進路の選択にあたって、両親や先生から理容科への進学を勧められた。「私は最初被服科に入学しました。しかし、相談の結果、理容は将来の生活が安定しているため、一年の二学期から理容科に移りました（全国聾学校理容科・美容科研究協議会 2013: 81）」という三重県立聾学校卒業生の手記には、この状況が端的に語られている。

　次に引用する伊藤の場合は、周囲からの働きかけがさらに強く、本人は木工科を志望していたにもかかわらず、無理やり説き伏せられたような形で理容科への進学を決めている。

中3の時、（高等部の）職業科を決めなくてはならなくて、理容・木工・洋裁・和裁の4つの中からどの道へ進もうかと考えました。先生は「理容科がいいから、それに決めてもかまわないだろう？」と言うのですが、私は「もう木工科に決めている」と答えました。すると先生は驚いた様子で「どうして理容科に進まないのか？」と尋ねてきました。私は「父が大工をしていて、その姿を見てまねていました。実際にやってみると、とても楽しかったのです。その記憶がずっと残っていて、自分も将来大工になろう！と心に決めていました」そう答えると先生は「木工科に進んでも勉強にならない。理容なら学科がいろいろあり、ことばの勉強もでき、卒業し社会に出

た時、人と筆談するのに役に立つから、理容科にした方がいい」と言うのです。しかし私は木工科に進むと決めていたので、頑として譲りませんでした。そこで先生は悩んだあげく、私の父に相談しました。すると父は「家の中での理容業なら安全だ。外での仕事は危ないから理容科にしなさい」と私に言いました。父にまでそのように言われ、私はしぶしぶ理容科に進むことにしました。

(伊藤 2006)

　本書のライフストーリー・インタビューにおける調査協力者たちが理容科へ進学した時代においては、「ろう者がプライドを持って生きるには、理容技術を身に付けるのがいい」との周囲の勧めや、店舗経営者としての独立を目指す強い意気込みが志望動機であった。このように、当時の理容科は学力優秀でやる気のある生徒の受け入れ先として機能していた。理容科では教師たちによって熱心な指導がなされ、目的意識の高い生徒たちも、それに応えて実技や国家試験の準備に励んだ。群馬県立聾学校理容科教諭の出口ゆき江は、次のように回想している。

　生徒達は国家試験が近づくと学習意欲が高まり、放課後や夏休み中の補習に努力を惜しまなかった。夏休みは、教員も生徒も幾日も弁当持参で四〜五時間、補習し、教員と生徒が二人三脚で学習に取り組んだことは今でも忘れられない。合格のために研究・工夫し、生徒が努力したその成果は実を結び、共に合格の喜び、感動を味わうことができた。

(全国聾学校理容科・美容科研究協議会 2013: 70)

　また、ライフストーリー・インタビューや資料調査の結果、口話教育一辺倒の時期であったにもかかわらず、理容科での指導に手話が用いられていたことがわかった。第6章3節に記すように、昭和45年(1970)、

全ろ理連の要望を受けた厚生省(当時)の指示により、ろう理容師を対象として、手話通訳を付けた管理理容師資格認定講習会が各地で開かれた。当時は手話通訳派遣制度が存在しなかった[10]ため、多くの講習会において実際に通訳を担当したのは、ろう学校理容科の教師であった。その背景には、表面的には口話至上主義とされた当時のろう学校においても、少なくとも理容科の教師たちは指導に手話を用いていたという事実があった。彼らの手話通訳のスキルは、現在の手話通訳者と比較すると限定されていたかもしれないが、当時のろう理容師達には、講習会の通訳者として理容科の教師たちが真っ先に頭に浮かんだのであろう。だからこそ、こうした通訳依頼とその実践が行われたことが、これらの発言により裏付けられた。

　その後、ろう学校卒業者の大学・専門学校への進学率の上昇や、ろう者が就労する職種の拡大といった社会情勢の変化により、ろう学校の生徒たちの進路も多様化を続けている。現在のろう学校理容科で学ぶ生徒たちは、「小さな頃からの夢」といったストレートな個人的志望が入学動機となっている。

　上記のように、ろう学校理容科では恵まれた環境と少人数の生徒に対する手厚い指導体制により、極めて高レベルの授業や実習を受けることができる。しかし、ろう学校における理容科設置数ならびに在籍生徒数は、ともに激減の一途をたどっている。平成28年(2016)における全国のろう学校における理容科は全10科であり、最盛期45科の30%弱となる。また、その在籍生徒数は32名(うち、本科20名、専攻科12名)で、最盛期831名のわずか5%弱となっている。さらに、新規募集停止や理容科廃止に踏み切るろう学校も複数存在すると聞く。現時点においても理容科志望のため県外から入学してくる生徒が存在するが、今後は限られた数のろう学校理容科に、全国から生徒が入学してくるという形で収束していくのであろうか。

第 4 章　ろう学校での体験　**85**

1　米内山は昭和 27 年生まれであり、この時期は昭和 39–42 年頃に相当する。

2　清田さんは、聴者という意味で「普通の人」と表現する場合があり、同様の使い方を、年配のろう者との会話の中で、何度か目にしたことがある。字義通りには、「聴者はノーマルな人」ということになるが、ここでは「normal vs. abnormal」といった対比のニュアンスは感じられず、「世の中の多数派」という意味合いで用いられている雰囲気である。

3　清田さんのサインネーム（手話のあだ名）は、片方の耳の脇で手を動かす（半分聴者を意味する）表現。

4　井上さんと舘野さんは、全ろ理連結成運動の中で昭和 38–39 年（1963–1964）ごろに知己となる。両者ともに 20 代の青年であった。

5　その後、聴覚障害者に対して「補聴器により補われた聴力を含めて、10 メートルの距離で 90 デシベルの警音器の音が聞こえる」という条件付きで運転免許の取得が認められ（昭和 48 年）、さらに平成 20 年の道路交通法改正によりこの条件が削除された。実際に真間（三）さんも運転免許を取得している。

6　真間（三）さんは、別の場面では「野球部の先輩が理容科にいたから」との理由も挙げている。

7　国立国会図書館 . 日本法令検索 . 法令沿革一覧 . 理容師法による。

8　公益財団法人理容師美容師試験研修センター

9　現在では手話が一般社会に広く知られ、手話の使用者であるろう者の存在も可視化される状況にある。しかしながら一般論はさておき、自分の子供が聞こえないとわかった時に、聴者である親の中には依然として当時と同様に「できるだけ聴者に近づけたい」と受け止める場合も多い。最近の人工内耳の急速な普及にも、その背景には保護者と医療関係者とのこうした強い思いが感じられる。しかし、こうした風潮に対する斉藤（2016）、玉田（2011）らによる、聞こえることを目指さず、「ろう児はろう児のままで」という主張には体験に基づいた強い説得力がある。

10　日本において厚生省により公的な手話通訳設置事業が開始されたのは昭和 48 年（1973）である。

第 5 章

店舗におけるコミュニケーション実践
—使えるものはなんでも使う！

1. ライフストーリー・インタビュー

1.1 首都圏在住の清田さんの場合

　国家試験に合格し理容師の資格を得た生徒たちは、卒業後、まずは理容店に就職し、技術を磨く。昭和31年3月に平塚ろう学校理容科を卒業した清田さんの場合、以前からアルバイトをしていた市内のI理容所に勤務することになった。

清田さん：高校1年からは、みんなアルバイトする。僕も「いいな」と思い、お母さんに頼んで、アルバイトができる理容店(I理容所)を見つけてもらった。掃除、洗濯、朝7時半から夜9時まで、大変だったよ。でも、そのおかげで、2学期に学校に行くと、「おお、ハサミを上手く使えるようになった」と褒めてもらえた。ハサミの使い方、カミソリの持ち方など、丁寧におしえてもらえた。

筆者：右手で[1]？

清田さん：そう、右手で。手首の返し方も上達して、褒めてもらえたので嬉しく、I理容所には感謝しています。その後も、ずっと同じお店にアルバイトに通った。

　しかし、I理容所には先輩にあたる聴者の従業員が2名働いており、コミュニケーションがスムーズに出来ない清田さんは、8ヶ月勤めた時

点でＩ理容所を退職した。

> **清田さん**：卒業後も、その店（Ｉ理容所）に雇ってもらった。でも、うまくいかなくて、結局すぐに辞めた。はじめての職場でもあったし、店主夫妻のほかにスタッフが２名勤務していて、僕１人だけ耳がきこえないということもあって、他の従業員とも上手く話ができず、いろいろな面で学校時代と違うところがありすぎて、どうしてもなじめず辞めてしまった。

　一般社会と同様に、理容業界でも聴者が営む店舗が圧倒的に多いため、ろう学校を卒業した理容師はほとんど聴者の店に勤務する。こうしたケースでは、店主や他の従業員との意志疎通が大きな問題となり、苦労が多いとのことである。同様の状況は現在でも見られ、ろう学校理容科では、卒業生の就労先として、ろう理容師の営む店やろう理容師を雇用した経験のある店を探すと聞いた。ただし清田さんとＩ理容所の店主とは、退職後も良好な人間関係を保ち、昭和 52 年に第１回全国ろう理容師大会が神奈川県で開かれた時には、実行委員長を務めた清田さんに協力して、Ｉさん親子が電話での宿の予約等を担当したそうである。
　清田さんは、Ｉ店での経験で聴者である先輩理容師との付き合いに懲りてしまい、ろう学校の先生の伝手を頼って、店主と自分が１対１で働ける小規模なＫ店に入店することになった。

> **清田さん**：Ｉ理容所を辞めた後、平塚ろう学校理容科の先生に、藤沢市の店にも連れて行ってもらい見学したが、そこにもスタッフが何人かいるので、やはりコミュニケーションの面で、自分が勤めるには難しいと感じた。その後、平塚ろう学校理容科のＫ先生の妹さんがやっている店を紹介してもらい、そこへと移りました。
> **筆者**：それが、Ｋ理容店？

第5章　店舗におけるコミュニケーション実践　89

清田さん：うん、Ｋ理容店。Ｋさんの旦那さんの仕事は大工さん、理容師は奥さんだけ。店主はやさしくておとなしい人。そこでは、僕と店主の２人だけで働いて、前のようではなく仕事に励むことができ、とても楽しく過ごすことができた。しかし、いろいろな苦労もしてきました。仕事のほかに、お使い、風呂焚き、子守といった雑用もやった。最初は散髪は無理と言われ、顔剃りしかやらせてもらえなかったが我慢した。で、友達に来てもらって、「下手でもかまわないよ」という人に散髪させてもらった。一生懸命やっているうちに、だんだん上手になった。いろいろ教えてもらい、努力して良くなったというわけ。昭和36年からは、仲間と休日に養護施設や老人ホームへ行って散髪の無料奉仕をした。Ｋ理容店の店主も「いいよ」と許可してくれた。ボランティア活動なので施設の人たちには喜んでもらえるし自分たちの腕も磨けるので、一石二鳥だったよ。

　店主と２人だけのＫ理容店では、清田さんは仕事上の苦労はあったが、以前とは違って楽しく働くことができた。また、この時期に施設への理容奉仕も始めた。清田さんはこのボランティア活動を長く続け、平成4年（1992）には県知事から表彰されている。また、同店に勤務していた昭和39年（1964）に、清田さんはろう学校時代の同級生と結婚する。奥さんは、「結婚については、相手は聞こえる人がいいと親から反対されたけれど、互いに障害を持っていた方が理解し合えると思って、結婚に踏み切った」そうである。
　その後、Ｋ理容店の店主が閉業することになり、清田さんは店舗を買い取って昭和40年（1965）に27歳で自分の店を開いた。以後、平成17年（2005）に閉店するまで、「バーバーセイタ」の営業を続ける。

清田さん：［アルバムを見て］このお店（Ｋ理容店）には、７年くらい通った。６年くらい経った後、店主がお店を手放すと聞いて買った

の[2]。昭和40年5月1日に「バーバーセイタ」を開店。買った代金は150万。いま考えると安いよね。当時のお給料は7,100円くらい。理髪料金は150円だった。妻は、平塚ろう学校では「被服」を学んだけれど、僕がお店を開いた後は良きアシスタントとして、理容の仕事を手伝ってくれた。その後、昭和49年には組合から改装費を借りて、お店を新しくした。

　清田さんの場合は、I理容所で短期間働いた後は、K理容店に長く勤務し、そのまま同店を譲ってもらう形で開業した。しかし多くの場合は、後に記す真間(三)さん、井上さん、望月さんのように、1–2年の周期でいくつかの店を移るという形態で働く人が多いようだ。こうした就労形態は、コミュニケーション面での苦労が原因での退職とは別に、いろいろな職場を経験することにより多様な技術を身に付けようとの、いわば武者修行のような意味がある。聴者の理容師にも同様の経験を積む人が多いと聞く。

1.2 舘野さんの語る群馬県の状況

　首都圏にある平塚市に住む清田さんは、K理容店に勤務後、居抜きの形で店舗を自力で買い取って経営者となった。いっぽう、地方では若干状況が異なるようである。舘野さんによれば、北関東の群馬県において、ろう理容師が開店に至るまでの一般的な経緯は、以下のとおりである。

舘野さん：2–3人は他県から来た人ですが、それ以外は全て県内出身です。群馬県立ろう学校理容科卒後、3–5年修行後、独立しています。借店舗は1人もおりません。自家です。県内在住のろう理容師は約80名。その半数が経営者です。(中略)ほとんど親の居住地に店を開業する者が多く、土地も親から分譲されている。店舗の建設資金や設備資金は環境衛生公庫(今は名称変更している)から、理

容組合を通じて融資されるのを利用しています。不足金は、親の保証で銀行から融資を受けている。大部分の人が該当しています。返済期間は、公庫は 18 年、銀行は 20 年位です。（昭和 40–60 年代は景気が良好だったので、返済が容易であった）。

このように、地域や環境によって状況はやや異なるが、本書の調査協力者たちの時代においては、ろう学校理容科を卒業後数年間にわたって店舗勤務で腕を磨き、可能であれば自己店舗を開く[3]という流れが一般的であったようだ。

1.3 店舗での接客
多くの場合、ろう理容師は聴者の店主や同僚のいる店で修行を積むが、開店後は自身で接客を行うことになる。客の大部分は聴者であるため、充分なコミュニケーションを行って客に満足してもらえる髪型に仕上げるための様々な苦労や工夫を語ってもらった。

1.3.1 口話教育の成果
これまで論じてきた口話教育と店舗での実際の接客との関連について、ろう理容師たちの語る体験と実感を概観する。

> 西島さん：僕は、ろう学校では「口話が上手だ」とほめられていました。ところが、実際に社会に出てみると、僕の話すことは聴者にはほとんどわかってもらえなかった。
> 筆者：ろう者のお客様にも来てもらえたら、お喋りが楽しめますね。
> 西島さん：無理ですよ！　手を動かして仕事しているので、手話はできません（笑い）。
> 筆者：あ、そうか（笑い）！

ろう学校では口話が得意であった西島さんだが、卒業後に自分の発音することばが聴者にはほとんど通じないことを知る。同様の経験を持つろう者は多く、たとえば、川島（2014）は、学校では「口話の優等生」であったが、駅の窓口で切符を購入しようとして自分の口話が駅員に全く通じない事実に直面し、それまでの膨大な努力とストレスが無駄であったことを悟り愕然とした体験を述べている。現在の西島さんは、筆者と話す場合も声を出すことはほとんどない。

　真間（三）さんは、いわゆるデフ・ボイス[4]ではなく聴者にも聞き取りやすい発音をする。ただし抑揚がなく、また「サ行」の発音が曖昧になる特徴があるため、外国人と間違われることもあるらしい。

> **真間（三）さん**：口話教育には、良いところと悪いところがある。
> **筆者**：良いところと悪いところ？
> **真間（三）さん**：良いところは、相手の口が読み取れるようになったこと。悪いところは、僕が声を出すと、相手に「この人は聞こえる」と勘違いされるところ。そうすると、相手はペラペラ喋りだして、僕にはまったく読み取れなくなる。もう、お手上げ！　だから、僕は、声は出さない。

　真間（三）さんの体験では、発音が得意なことが逆に相手から聴者に話すように話されてしまうという困難な状況をもたらす結果になっている。このことから「相手の口が読み取れる」という真間（三）さんも、実際に確実に読み取れるのは区切って発音された単語やごく短い文であり、ナチュラル・スピードの会話は「お手上げ！」であることがわかる。

　さらに、中学2年で失聴した舘野さんの場合は、読話は無理と語る。

> **舘野さん**：ろう学校で口話教育を受けたろう理容師達ですが、口の形を読み取ること（読話という）が出来る者と出来ない者がおりま

す。生まれながらの先天性ろうあ者と途中で失聴した者とは雲泥の差があります。まず、先天性の者でも、才能のよしあしに左右されてます。全然読話の出来ない者もいれば、すばらしく口話を読話することの出来る者もいます。才能次第とも言えますが、中途失聴者はほとんど読話は出来ないです。舘野なんか、読話は全然ダメです。0点です。

何故か？　長い間、耳で聞いてきた者が、次から口話を習おうとしても、そう簡単に出来るものではない。生まれた時から人の口の形で文を読み取って来た者とは、全然違うものです。

　また、井上さんは、幼稚部からろう学校に在籍し長期にわたって口話教育を受けた経験を持つが、やはり読話は難しいようで、ときには次のような事態も起きたとのことである。

井上さん：こんな失敗談がある。子供がやってきて「スポーツ刈り」と注文した。僕は口形を見て「坊主狩り」だと思った。で、バリカンで丸坊主にすると、その子は泣きながら帰ってしまった。「どうしたのかな？」と思っていると、お母さんと一緒に戻ってきた。お母さんはとても怒っていて「坊主狩りじゃない、スポーツ刈り！」と言われた。僕は「あぁ、失敗した、口を読み違えた」と思った。こんな経験があります(笑い)。
筆者：もう元には戻せないですものね(笑い)。
井上さん：はい、無理、無理。

1.3.2 開店時や初対面の客への対応

　ろう理容師が新しく店舗をオープンする時や、また初めて来店する客は、そのほとんどが相手は耳が聞こえないとは知らない。こうした場面でスムーズに対処するためには、どのような手段がもちいられるのであ

ろうか。

> **西島さん**：初めてお店に来てくれたお客様には、「私は耳が聞こえません」と書いて説明します。また、ヘアスタイルの見本（写真）を見せて、希望を尋ねます。2回目、3回目になると、お客様も慣れてきて、筆談が面倒になってくるので身ぶりが中心になりますね。
> **筆者**：昭和51年に開店した後、すぐにお客様に来てもらえましたか？
> **西島さん**：最初は、ボツボツでした。そのうちに、だんだんと近所だけではなく、遠くからもお客様が来てくれるようになりました。

　西島さんは、このように客と理容師とが互いに慣れてくるにつれ、コミュニケーションが円滑になっていく様子を語っており、その過程では、身ぶりが重要なストラテジーであるようだ。

1.3.3 日常での接客

　店舗での日常的な接客状況について、舘野さんは次のようにまとめて述べている。

> **舘野さん**：理容業に於ける接客方法について、今から50–60年前、そして40年頃までの理容業は、
> ① 原型刈（5分刈　9mm、3分刈　6 mm、1分刈　3 mm、坊主刈、5厘刈　20 mm）
> ② 調髪（総鋏刈、ミディアム（普通刈）、ロング（長目）、角刈、スポーツ刈）
> この位を基本として施術しておりまして、客が来たら、先ず椅子に通して、あらかじめ、画用紙大の大きさの紙にマジック位の字で、「私たちは耳がきこえませんので、よろしくお願いします。注文等の対応は、口話、手ぶり、身ぶり、筆談等でお願いします」と書い

た紙を客に見せてから、①や②の髪型について対応します。

その前に客を椅子に通した時から客の頭を先ずよーく見て、刈る前の髪型を観察します。ここでほとんど、この客の頭髪・型等がわかります。長い間修業してきたので、ほとんどわかります。

確認作業に入るわけです。（上は少し、つめますか？　とか、まわりは長目にしますか？　とか、短めに刈り上げますか？　とか、角刈ですね？　スポーツ刈ですね？　とか、手ぶり身ぶりや、かたことや筆談とかで客と対応します。）

施術後は、画用紙2枚くらいの大きさの鏡で客の後頭部や側頭部を写し見せて、確認を取って、つぎの段階に入ります（顔剃りなど）。

しゃべる事が出来なくても、ほとんど客と意思は通じるものです。

　ろう理容師の店舗では、舘野さんと同様の手順が一般的に用いられているようである。真間(三)さんは施術前にも鏡を使って打ち合わせし、視覚により客の希望を的確に把握するように努めている。

真間(三)さん：今？　今の僕の店で？　そう、カタログを見せて選んでもらったり。「いいよ、任せる」と言う人もいるけど、「いやいや」といって鏡を見てもらい髪の長さを確認して、「もっと短い方がいいですか？」と尋ねる。「OK」と言われたら本格的なカットに入る。

筆者：調整という意味？

真間(三)さん：そう。（確認しないままで）ただ切ってしまって、「短かすぎた」とか「長すぎた」とか言われて、やり直しすることになったら時間がかかる。時間の無駄。

筆者：そうね。

真間(三)さん：そういう困った経験もある。切り終わった後で、いろいろな角度で鏡を見せると、「ここはもっと長く」とか「ここは揃えて」とか言うお客様もいた。だから、僕は初めに全体をちゃんと

掴んでからでないとカットは始めない。「前と同じでいいよ」というお客様や、「短めに」というお客様の場合も、いちいち鏡で確認させてもらう。いろいろ大変だよね。
真間(政)さん：うんうん。
真間(三)さん：大変だけど、商売だからしょうがない。

　また、次の様なヘア・カタログ等も重宝され市販の品がなかった時代には、手作りしたそうである。

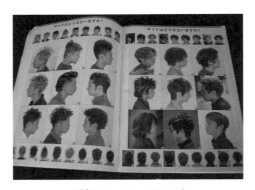

写真1：ヘア・カタログ

(井上さんが実際に使用しているヘア・カタログ『今日はどうなさいますか－メンズヘア960』月刊ニューヘア)

井上さん：髪が長いのから短いのまで写真を何枚も貼った。また、タレントのヘアスタイルの写真をそのままお客様に見せると、お客様は「ほう、この写真と同じようにしてほしい」と言ってくれるので、「はい、わかりました」と言って、写真と同じようにカットするといった方法。

1.3.4 接客サービスとしてのお喋り
　ろう理容師は、こうした手段を使って客とのコミュニケーションをと

り、間違いなく施術できるように工夫してきた。しかし浮世床の昔から、理髪店は客と店主や客同士が世間話で盛り上がる身近な情報交換と娯楽の場としての機能も果たしてきた。銀座の老舗理容店の経営者（聴者）である米倉（2010）が語るように、お喋りにより客との親密性も増す。

> 会話によってお客様とのコミュニケーションが深まれば、よりお客様のことを知ることができ、それは髪型や顔剃りの施術にも反映され、よりいっそうコミュニケーションが深まるという、良好な循環が生まれるのでございます。　　　　　　　　　　　（米倉 2010: 97）

　しかし、ろう理容師達にとって、こうした「ペラペラ」と話されるお喋りは、真間(三)さんが言うように「お手上げ！」である。読話が困難ということもあるが、それにもまして、ろう理容師は作業中は自分の手元に視線を集中させているので、客の口を見ること自体が不可能である。西島さんは、お喋りでの接客ができないことを丁寧な作業で埋め合わせていると語る。また気心の知れた常連客とは、散髪後に身ぶりや口話でのお喋りを楽しむとの事である。

> **西島さん：** お客様には、僕のお店は仕事が丁寧だと喜んでいただいてます。聴者の理容師さんは、いろいろなお喋りをしながら散髪をしますよね。お客様もお喋りを楽しんでいると思います。でも、ろう者は喋ることはできないので、その分、集中して丁寧に仕事をします。（中略）
> でも、常連のお客様とは、散髪が終わったあとで、身ぶりや口の読み取りでお喋りします。それが僕の楽しみです。
> **筆者：** どんな事を話すのですか？
> **西島さん：** そうですね〜、僕は植木の剪定や野菜を育てるのが好きなので、野菜の作り方や植木の剪定のやり方とかを教えてもらった

りしています。

筆者：楽しそうでいいですね。

2.3 店舗における観察

　ろう理容師たちが、聴者である客との間でどのようにコミュニケーションをはかって営業を履行しているのかを実際の現場で確認するために、3店舗において観察を行った。見学をお願いした店舗の選択理由は、次に記すように、それぞれが独自性のある経営を行っている点に興味を持ったためである。

　現在の理容業界を概観すると、景気の停滞やさらには第2章5節に述べる若者のヘアスタイルの多様化による理容店から美容店への移行や低価格チェーン店の出現等により、衰退傾向が否めない。街を歩くと、経営不振や後継者不在が原因となって閉店する理容店を目にすることも多い。

　こうした中で、真間(三)さん・真間(政)さん夫妻は、開店33周年を契機に「料金を半額にする」という大胆な経営戦略を打ち出した。その結果、従来の常連客に加えて評判を聞いて来店する新たな客を獲得し、その固定客化に成功している。

　いっぽう、井上さんの理容店は、かつてはきわめて繁盛していたが、現在では利益よりも長年にわたる顧客との交流を大切にするという姿勢で営まれている。井上さんは別の仕事にも従事しているため、理容店は週に3日のみの営業である。客たちは、井上さんのスケジュールに合わせて来店する。高齢の客にとっては、井上さんの店は馴染み深く安心してくつろげる場所となっている。

　望月さんは、昭和50年代に当時流行し始めた「ユニセックス・ヘアサロン」に照準を合わせ、都内やさらにはロンドンでも研修を受けて最先端の技術を身に付けた。こうして、望月さんはヘアスタイルの多様化や理容店・美容店の枠組みを超えるといった現在の風潮を早い時点で読

み取り、先駆けとなる店をオープンした。高いレベルの技術に裏付けられた望月さんの店は、高めの料金設定にもかかわらず、お洒落なひとびとの間で人気があり、計5名の理容師が忙しく働いている。

　また、現在の状況に至るプロセスを理解するためには、修業時代等の経験を知ることも必要であると考え、それぞれの協力者による語りを観察記録とあわせて紹介する。

2.1 高レベルの技術とサービスを低価格で提供―真間三男理容室
2.1.1 開店までの流れ
　真間（三）さんは、理容師資格を取得し学校を卒業した後、いくつかの理容店で修行し、各店舗の得意分野となる技術を習得していく。

> **真間(三)さん:**卒業後、いろいろなお店に勤めて技術を磨いた。実際は、ろう学校を卒業しただけでは、技術が未熟でだめ。そのあと、いろいろな店でも働いた。沼津市のK、F、N、都内のG、もう一度Fに戻った後、伊東市のF理容店…全部で6店だね。その後、独立して開店した。
> 都内のお店(G)では、パーマ修業をした。最初、1週間は見習い期間と言われたが、実際にはパーマ、アイロンパーマ、ブローをやってみせると、すぐにマスターから「明日から来ていいよ」と言われた(ガクッ、笑い)。
> **筆者:**腕が良かったから…
> **真間(三)さん:**そう、パーマ、アイロンパーマ、ブローは、一目で技術がわかるからね。シャンプー、カットは、ゆっくり眺めないと技術の上手下手はわからないけど。G店には、技術スタッフが7人いた。兄弟子だね。兄弟子は多い方が良い。なぜかというと、それぞれ得手不得手が違うから、1人1人から良い点、技術を見て覚えることができた。ろう者は僕だけ。他に、ろうの女性の先輩が一人

> いたけど、彼女は助手で、カットなどは担当せずシャンプーやタオ
> ルの洗濯をしていた。

　4店舗目となるGに入店する時点では、真間(三)さんは、慣例となっていた見習い期間を経ずに即日採用となる腕をすでに身に付けていた。さらに、この店では様々な得意分野を持つ兄弟子たちから技を学び、当時は珍しかったメンズ・パーマの技術を習得する。

> **真間(三)さん**：その後、地元へ帰ったけれど、田舎なのでまだパーマ
> は流行っていなかった。
> 僕はろう理容協会に入って、みんなにパーマを教えた。平塚市でも
> 教えた。井上さんに紹介されて教えに行った。東京は早いけれど、
> 地元ではまだまだ(パーマは)普及していなかった。
> **筆者**：それで、伊東市で最初にパーマをやったのは真間(三)さんだっ
> たのね。
> **真間(三)さん**：そうそう、昔ね。

　G店を退職した後、真間(三)さんは出身地である伊東市に戻り、自分の店の開業を目指す。開店に先立ち学生時代からアルバイトをしていた市内のF理容店に就職し、地元の人たちに理容師として顔を知ってもらえるよう人脈作りに励む。婚約中だった真間(政)さんには、「すぐに開店しても、お客さんになかなか来てもらえないので良くない。毎日、お客さんがゼロでは困るから」と説明して納得してもらったとのことである。

> **真間（三）さん**：将来自分でお店を経営するためには、周りの目とい
> うか、お客さんの顔を覚えたり、周囲の人にも理容店をやっている
> と紹介してもらって来店してもらわなくてはと考えた。無計画に開
> 業しても無理だから。(中略)伊東市の自宅の近くで、海のそばの駅

の近い知り合いの理容店(F理容室)の主人と相談し「自分の店を開く場合は、お客さんに慣れる必要があるので、1年でも半年でも構わないので働かせてもらえませんか？　そのあと辞めて自分で開業したい」と頼んだ。そこで理容の仕事をして慣れた後で、3分の1くらいのお客さんを引っ張る(譲ってもらう)形で自分のお店を開いた。

筆者：それが桜木町のお店？　今ある、あそこの？
真間(三)さん、真間(政)さん：そうそう！

2.1.2 開店後の状況

　昭和52年(1977)に、真間さんご夫妻は自分たちの店舗「真間三男理容室」を開き、現在もそこで営業している。同店は市内のメインストリートの一つである街道沿いの商店街の中にある。開店当初は4階建てであったが、のちに占い好きの真間(三)さんの母親の意向で減築し、現在は3階建てで、1階を店舗、2・3階を住居として使用している。この商店街には、鮮魚店、酒店、精肉店、和菓子店、寝具店、飲食店、化粧品店、美容室など古くからの個人商店が軒を連ねており、また全国チェーンのコンビニエンス・ストアやファミリー・レストランもある。

写真2：真間三男理容室の外観

昭和52年の開店当初は人通りが多く繁華であった。しかし全国の多くの商店街と同様に、大手ショッピング・センター等の進出や店主の高齢化と後継者の不足により閉店した店も多数みられる。真間さんご夫妻の店舗の右隣は高齢のママさんが1人で営む喫茶店、左隣は元米穀店である。また、通りを隔てた斜め向かいでは別の理容室が営業中である。

　真間さんご夫妻は、開店当初はろう者のみで営む理容店ということで、客の理解が得られるか、コミュニケーションはどうだろうかなどと心配した。筆談で「私たちは耳が聞こえません」と伝え、また2人の理容師免状を壁に掲げて、正規の資格を有する理容師であることをアピールするといった工夫も行い、客の不安感を取り除くように努めた。

真間(政)さん：最初は、お客さんとのコミュニケーションが心配だった。

真間(三)さん：そうそう。

筆者：そうね。

真間(政)さん：だけど、3回、4回と通ってもらううちに慣れた。今は安心。

真間(三)さん：最初は、紙を貼った。お客さんが「ろう者だから、おかしいな、大丈夫かな？」と不安に思うかもしれないので。お店の良く見えるところに貼った。ゆっくり見て「ああなるほど」と納得してもらえるように。

筆者：紙って？　「ろう者」だと書いて貼ったの？

真間(三)さん：いやいや、理容師免状。

真間(政)さん：自分たちの免状。聞こえないから、腕は大丈夫かなと心配されるかもしれないと思って。

真間(三)さん：以前は、ろう者には散髪は無理だろうと思われた。

筆者：（一般の聴者は）知らないからね。

真間(三)さん：けど、免状を見て、「ほう、なるほど」と安心してカッ

トに来てもらえた。

　開店以降、当時成長期にあった社会全体の好況や、また温泉を有する観光地である伊東市の繁栄と歩調を合わせ、真間さんご夫妻の店は繁盛した。客数の増加と共に、夫婦だけでは対応しきれなくなり、真間(三)さんのろう学校時代の同級生である理容師を雇用し、3人で働いた。最盛期[5]の繁忙時には、1日に数十名もの客が来ることもあり、深夜2時まで閉店できなかった経験もあるそうだ。また真間(三)さんのパーマの腕は伊東市内で有名となり、毎日何人もの客がパーマを注文したとのことである。当然ながら、店の売り上げも上昇を続けた。

　しかし、その後の景気後退と社会情勢の変化により、社内旅行等を多数受け入れていた伊東市の観光産業は大きな打撃を受け、市内の経済は停滞することになる。さらに、真間さんご夫妻の店では、常連客たちが年を取るにつれだんだんお洒落をしなくなり店に来る回数が減り、またパーマの注文も少なくなるという現象が現れ始めた。いっぽう、新規の客の来店はなかなか見込めなかった。

2.1.3 値下げの断行

　こうした状況の中で、平成22年(2010)に真間さんご夫妻は、開店33周年[6]を機に、料金を半額にするという大胆な経営転換を行い、以後8年間その料金体系を維持して営業を続けている。

写真3：店外に建てられた料金表示

当時の店の様子と打開策としての値下げ敢行について、真間さんご夫妻に話を聞いた。

真間(三)さん：一律料金の4000円では、本当はちょっと難しい。お客様が来てくれない。なぜかと言うと、どの店も一律4000円ではつまらないからね。料金が2000円の店や1000円の店があると面白いと思った。それで試してみたら良かった。お客様がどんどん来た。いろいろなお客様に来てもらえて嬉しい。前に4000円でやっていたころは、決まった顔ぶれの人が来るだけ。

真間(政)さん：ほかにも、33年間とても長くお店をやってこられた。「ありがとう！」という気持ちで半額にしたわけ。主人が「半額にしよう」と言ったとき、私は本当に心配だった。2人で相談して、思い切って決心したんだけど、その結果お客様が増えた。

値下げには客数減少の現状を打破するというだけではなく、長年この地域で営業を続けられたことに対する感謝の気持ちも込められていたわけである。料金を下げるにあたって、真間(政)さんは「半額にしちゃって大丈夫かな」と言ったそうだが、2人で相談して半額への値下げを断行し、理髪作業の内容は従来のままで品質は下げないと決めたとのことである。

真間(三)さん：なぜ、2000円、1000円にしたのかを説明するね。技術が下手だからじゃないよ。上手、下手はさておいて、僕の夢は「ユニクロ」！

筆者：ユニクロ？　ああ洋服の？

真間(政)さん：そうそう（笑い）。

真間(三)さん：ユニクロは値段は安いけど、品質はきちんとしているから人気があるよね。

筆者：そうね。

真間(三)さん：僕もそう。1000円でも2000円でも、理髪作業はちゃんとやる。安いからといって、手を抜いていい加減にやるわけではない。お客様が来て4000円払おうとすると、僕は2000円でいいですよと言う。「え、2000円でいいの、どうして？」ということで評判になり、たくさんのお客様が来てくれるようになると考えた。それが目的の一つ。

　真間(三)さんは、「お客様が少なくて暇であるよりは、1人当たりの料金は安くても、たくさん来てもらえる方が張り合いがあってよい。お客様が来なくてボーッとしていると、つまらないしボケちゃうかも」と話す。値下げの結果、客に大変喜ばれ新しく来店する人も増えた。筆者も、客たちから「この料金で、きちんとやってくれる。安いチェーン店とは全然ちがう」といった評価を聞いた。

筆者：どんどん人が来るのは、安いことが口コミで広がるの？

真間(政)さん：そう、噂。店に来たお客様が友達を紹介してくれて、広がっていくから。名刺を渡して、「ありがとう。よろしくね」と言って、どんどん広げてもらえた。

筆者：ああ、そういう方法…

　評判を聞いて新たに来店する客は、真間さんご夫妻が聞こえないことをあらかじめ承知しているため、相手が読み取りやすいように口を大きく開けて話す人や、来店前に注文内容をメモに書いて持参する人もいるとの事である。筆談で「耳が聞こえない」と伝え、かつ理容師免状を貼って有資格者であることを証明していた開店当時と比較すると、客とのコミュニケーションも新展開を迎える。

筆者：今でも、初めてのお客様もたくさん来るの？

真間(政)さん：そう、今も評判を聞いてはじめてのお客様がいっぱい来る。初めてのお客様のなかで、口を大きく開けて話す人や前もってメモを準備してくる人は「ああ、誰かの紹介で来てくれた人だな」とわかる。

真間(三)さん：そうそう。

筆者：2人が聞こえないと知っているのね。

真間(政)さん：そう。

真間(三)さん：携帯電話の写真を見せて「このようにして」という人もいるよね。

筆者：お店には、カタログがあるよね。

真間(政)さん：そう、カタログには番号が打ってあるから、前髪は何番、もみあげは何番、刈り上げは…というように番号を指して決めていったり。もみあげにも、いろいろな形があるよね。

筆者：うんうん。

真間(政)さん：「全部お任せ」と言うお客様もいるし。

また、以前からの客の中には値下げ前の料金を払い続ける人や、「心づけ」という形で差額を補う人もいると聞いた。

真間(政)さん：お客様の中には「半額にしたらもったいないよ」という人もいるよね。

真間(三)さん：2000円でいいといっているのに、4000円払ってくれる人もいる。

筆者：へぇー。

真間(三)さん：「前と同じ内容だから、4000円でいいよ」というお客様もいる。

筆者：ありがたいね。

真間(政)さん：そうね。

真間(三)さん：そんな時には、「ありがとう！」と言ってもらっておく。

筆者：古くからの常連さんかな？

真間(三)さん、真間(政)さん：うん、うん。

　低価格であることが理由で来店する客が多いのは当然であり、真間
（三）さんの狙いもそこにあった。いっぽう、「半額にしたらもったい
ない」という客の感覚には、夫妻のプロとしての技術と労力に対する
リスペクトが感じられる。こうした会話からは、常連客と真間さんご夫
妻との間で、長い年月をかけて築かれてきた折り目正しい人間関係が読
み取れる。

　半額という大胆な料金設定で、伊東市内において競合する他の理容店
との間に問題は生じないのかと気になり、その点を尋ねてみた。

筆者：あのー、聞いてもいいかな？　値下げして、他のお店には怒
られないの？

真間(政)さん：組合を辞めているから大丈夫。

真間(三)さん：うちは、組合を辞めているからかまわない。組合員だっ
たら、もめるし怒られるね。

筆者：ああ、辞めてるんだ。

真間(三)さん：辞めたのは10年くらい前だったかな？

真間(政)さん：そう、10年くらいね。

筆者：前は、入っていたの？　伊東市の組合？

真間(三)さん：そう。その前は25年間くらいずっと会員だったよ。

筆者：わかった。じゃ、組合を辞めたことと、値下げとは別という
わけね。

真間(政)さん：別々。値下げするずっと前に、もう組合は辞めていた
から。

筆者：なるほど。

　真間さんご夫妻は、長年伊東市内の理容組合の会員であったが、10年くらい前に退会したとのこと。辞めた理由は次のとおりである。以前は市内で年に2回ほど理容講習会が開かれ、市内のろう理容師たちは手話通訳派遣を依頼して参加した。そこでは、新しい情報や技術を得ることができ勉強になった。しかし、組合の経営難のため市内では講習会が開かれなくなった。遠方まで出かけるのは大変であり、また手話通訳が付く場合も馴染みの薄い市外の通訳者であるため、真間さんご夫妻は次第に出席する意欲をなくし、組合員であるメリットを感じなくなり、退会するにいたった。すなわち、値下げを行う前に組合を辞めているため、独自の料金設定を行っても他店との間でトラブルは起きないとのことである。

2.1.4 店舗の現在の状況

　真間三男理容室の玄関にはドアベルが取り付けられ、ドアの開閉にともなって「チリンチリン」とかなり大きな音がする。残存聴力を有する真間(政)さんには、ドアの開け閉めの音はわからないが、ドアベルの音は聞き取れ客の来店がわかるそうである。また来客時に「キャンキャン」と吠える看板犬メロンの声も真間(政)さんには聞こえる。しかし、真間(三)さんにはこうした音は聞こえない。チャイムとともにライトが光る「パトライト」等のろう者用の福祉機器も存在し、申請すれば市からの補助が受けられるが、真間(三)さんは「お客様には違和感があるかもしれない」という理由で店舗には設置していない[7]。

　営業時間は午前8:30から午後6:30(夏季は7:30)、定休日は月曜のみで日曜・祭日も平日同様に営業しているが、正月と8月(お盆休暇の後)にはそれぞれ3日程度休む。基本的には真間さんご夫妻の2名で理髪作業を行っているが、見学当時は理容専門学校在学中の夫妻の次女(ろう

者)が、時間のある時には見習いを兼ねて手伝っていた。

2.1.5 観察

　見学をお願いした日の朝、筆者が開店時刻の 8:30 少し前に真間三男理容室を訪れたところ、すでに客が 1 名来店していて、しかも理髪作業がかなり進んでいた。この客(男性、推定 70 代)は古くからの固定客で、以前は旅館の板前をしていたとのこと。毎回、開店準備中の 8:10 頃に来店するそうで、真間(政)さんは「旅館で朝食の準備を終えて休憩に入るという、引退前の癖が残っているのかも」と話し、開店時刻にはこだわらずに、常連さんの習慣に合わせている。この客は、いつも通りということで、特にコミュニケーションはないままに、カット、顔剃り、シャンプー、ブローと作業が進み、8:55 頃に終了した。

　この間に、2 名の客が来店した。理容作業を担当するのは真間さんご夫妻の 2 人であるため、その他の客には待合コーナーで待ってもらう形になる。娘さんが筆談ボードに「お茶を召し上がりますか」と書いて尋ね、お茶を飲みながら待ってもらっていた。待ち時間 20 分くらいを目処に、お茶やコーヒーをサービスして「間をもたせる」ようにしているとのこと。

　また、待合コーナーには飴や漫画本、週刊誌、新聞、市からの配布物(公報、観光だよりのポスター、競輪場のスケジュール等)が準備され、常に最新版を置くように心がけているそうだ。

　店内には理容用の椅子が 3 台あり、それぞれの前にシャンプー台と大きな鏡が備えられている。昭和 52 年(1977)の開業以来、改装を 3 度行ったそうである。また、店内にはダーツ盤や、観葉植物、多数の写真・絵葉書(マリリン・モンローや石原裕次郎等のスナップ写真、横尾忠則、ビュッフェ、ダリ等の絵画、風景写真など)が飾られ、またヘア・カタログが何冊も置かれ、店全体にゆったりとしてレトロな昭和の雰囲気が漂っている。

その後も次々と来店する客を、真間(三)さんと真間(政)さんとが交替しながら、カット、シャンプー、顔剃り、マッサージ、ブロー仕上げと手際よくさばいている。基本的には、カットを真間(三)さん、顔剃りを真間(政)さんが担当するが、状況に合わせて阿吽の呼吸で効率よく進行している様子に改めて感心した。

バリカンでカットする場合には客との打ち合わせは特に必要なく、「いつも通り」でいいかどうか、口話で確認している。ハサミを使ったカットについては、「お客様が安心して切ってもらえるように（真間(三)さん談)」作業に入る前に各パーツの長さなど、鏡の中の像を見ながら、口話と身振りで細かく打ち合わせる。真間(三)さんは「不満や文句があれば、はっきり言ってもらう方が良い。そうすることにより自分の悪いところがわかり、勉強になるので腕が上がる」と話す。

ある客(中年男性)は、自分で書いたメモ用紙(希望する長さが記されていた)を持参して真間(政)さんに渡していた。この客は、最初に来店した時に話が通じなくてろう者の店であるとわかったため、2度目からは毎回このように準備してくるという。

理髪作業のわずかな合い間に、真間(三)さん真間(政)さんともこまめに切り落とした髪を箒で掃く。1人の客の作業過程においても途中で何度も掃除する姿が見られた。その丁寧な仕事ぶりには、インタビューで語られた、ろう学校での次の様な練習が活かされていた。

写真4：理髪作業中の真間（三）さん

第 5 章　店舗におけるコミュニケーション実践　111

> **真間(政)さん：**(掃除の時は)音を立ててはダメ。静かに、音を出さな
> いようにやらなくてはいけなかった。ガチャガチャ掃くと聞こえ
> る。掃いたゴミも乱暴に捨ててはダメ。お客さんが眠っていること
> もあるのに、音をたてると起こしてしまうから。迷惑をかけないよ
> うに気をつけてやる方法を勉強した。乱暴に掃除すると音がでるよ
> ね。
> **筆者：**そうね。
> **真間(三)さん：**僕たちはろう者で自分では音が聞こえない。だから静
> かに掃除する練習をした。
> **真間(政)さん：**そう、やったね。ゴミも静かに捨てたね。
> **真間(三)さん：**練習したね。

　客たちにこの店に通う理由を尋ねたところ、先述の「この料金で、き
ちんとやってくれる。安いチェーン店とは全然ちがう」という意見のほ
かに、「なんといっても、ここのマスターは腕がいいから」、「古い付き
合いで気心が知れていて安心」、「丁寧にやってくれるので気分がいい」
といった声を数多く聞いた。
　客たちからも腕が高く評価されているように、真間(三)さんは全ろ理
連主催の理容競技大会で入賞を重ね、また競技会での指導も担当した優
れた技術の持ち主である。以前は店内にトロフィーを飾っており、次の
ようなエピソードも聞かせてもらった。

> **真間(政)さん：**「マスターの腕は日本一」と言われたので、「ありがと
> う」って言った。
> **真間(三)さん：**おおげさだよ(笑い)。
> **真間(政)さん：**お客様に言われた。市内一の名人と言われたので、「あ
> りがとう」って言った。
> **真間(三)さん：**日本一じゃないよ。市内だけ、市内だけ。日本中には、

> 他にすごい人がいっぱいいる。僕が日本で一番のわけがない。
> **真間(政)さん：**お客様が「日本一」と言った。
> **真間(三)さん：**ああ、トロフィーがあるから。あのトロフィーをもらったのは、ろう者の大会。聴者はいない。お客さんは勘違いして凄いと思ったんだ。
> **一同：**（笑い）

　終日見学させてもらった結果、ほかにも次のような配慮に気が付いた。まず、顔剃りの前に熱いタオルを客の顔に載せて蒸らす際には、それぞれの客の髭の濃さや肌質に合わせて蒸らす時間を調整している。またパーマや染めの場合には、パーマ液や染料を塗布した後一定の期間そのまま放置する必要がある。この間には、お茶やコーヒーをサービスしたり、本や雑誌を読みたい客は待合コーナーへ移ってくつろいでもらっている。全体に、大変スピーディにまたきめ細かく作業をしていることがわかった。

　また、真間さんご夫妻は開店以来40年近く営業を続けているため、長年にわたる常連客の平均年齢は高めであるが、値下げ以降に来店するようになった客は様々な年代にわたる。なかには、制服姿や部活動帰りのジャージ姿の男子高校生たちを見かけることもある。真間(三)さんは「学生さんたちは、料金は安いのに、注文が多くて時間がかかるよ、口コミで来るのかな…」とぼやきながらも、若い客の相手をするのが楽しそうだった。真間(政)さんも、帰り際に飴を手渡すなど大人の客への応対とは違った心遣いを示していた。

2.2 長年にわたる常連客と過ごすゆったりと流れる時間
　　―理容タチバナ
2.2.1 開店までの流れ
　井上さんは、昭和38年(1963)理容師資格を取得し、ろう学校理容科

を修了した。しかしその後すぐに理容業には入らず、進学を目指した。受験準備期間中は、ろう学校専攻科に在籍して個人的に指導を受けるという、学校に併設された予備校のような形式で学んだという。

> 井上さん：でも、僕の場合は、理容師の仕事はちょっと後回しにして、大学に行きたいと思ったので、そのまま専攻科に進んだ。専攻科は１年間で、その間は大学に入るための勉強をする。先生たちが交代で、数学や国語などみっちり教えてくれた。僕も一生懸命に通った。１年間。
>
> 筆者：１年間？　平塚ろう学校で？
>
> 井上さん：そう、１年間勉強していろいろ学んだあとで大学入試を受けた。本当のことを言えば、恥ずかしいんだけど、不合格だった。仕方なく校長先生にお願いして推薦状を書いてもらい、Ｔ短期大学に出願したところ、入学許可がおりた。
>
> 特別待遇で無試験で入学を認めてもらえ、聴講生として１週間に２、３回通学した。「ああ良かった」とほっとして、さしあたって理容師にはならず喜んで大学に通った。学部は経済学部で熱心に勉強した。ここで学んだことは、本当にとても役に立って自分にとって良かった。もしも経済学を勉強していなかったら、会社の経営などについてまったくわからないままだったと思う。経済学は簡単ではなかったけれど、勉強して本当に役立ったと思っている。

　当時（1960 年代）は、手話の存在自体が一般的には知られていなかった状況にあり、当然ながら手話通訳制度もなかった。井上さんは、自分から積極的に周囲の学生たちに（口話を使って）話しかけ、遊び仲間になった結果、学習面での協力を得ることができたと、次のように語っている。

筆者：聴者だけでしょう？

井上さん：そう、聴者がズラリと並んでいて、ろう者は僕だけ。

筆者：通訳もない。

井上さん：うん、通訳もいない。板書とノートを借りて。先生は口で話すのは多いけど、板書は少ない。隣の学生に「今、どこ？」ときいた。自分から、周りの学生たちにどんどん話しかけて教えてもらった。みんな迷惑だったかもしれないけど。でも、放課後には、飲みに行ったり麻雀をやったりして仲良く付き合う中で、ありがたいことに、みんなが勉強の内容を教えてくれた。

筆者：麻雀もそこで覚えたの？

井上さん：そう、覚えた。こうした付き合いは本当に大切だと思う。「勉強を教えて」とずっと言っているだけでは、断られてしまったかも。一緒に飲んだり麻雀したり、遊びながら付き合って勉強も教えてもらうことが大切だとわかった。で、2年後に大学を卒業した後、考えた。これからどうしようかと考え、理容師に戻ることにした。他の人たちは、すでに2年前に理容師を始めている。自分は2年遅れになったが、同じ道を進むことに決めた。で、今では理容店を持つようになりました(笑い)。

　短大で学んだ経済学は、その後の店舗経営や投資などに大変役立ったとのことであるが、終了後、井上さんは理容の道に戻ることに決め、東京の理容店で修業を開始する。ただし、2年間のブランクがあるため、まずは見習いのような形での就労となった。

筆者：最初は東京で？

井上さん：そうそう。

筆者：見習いみたいな？

井上さん：僕が理容師に戻って、え〜と、最初は理容学校の校長に

第5章　店舗におけるコミュニケーション実践　115

> お願いして、お店に雇ってもらい、一生懸命働いた。2年の間に理
> 容師の勉強を忘れてしまっていたので、改めて修業をさせてもらっ
> た。
> 入店して最初のころは、カットはやらせてもらえない。落ちている
> 髪の毛を掃いたりタオルを絞ったりしながら（先輩の仕事を）目で見
> て技術を覚えるというのが1年以上続いた。「散髪はダメ」、「顔剃
> りもダメ」と言われ、掃除と洗濯だけを繰り返す毎日で辛かった。
> 1年過ぎて、やっとカットすることが許された。うーん、厳しいや
> り方だよね。

　こうして、東京の店でひと通りの接客や技術を習得した後「ありがと
うございました」と言って退職し、さらに別の場で腕を磨くために横浜
の大規模な理容店に移る。

> **井上さん：**次に働いたのは、横浜のお店。その横浜のお店では、椅
> 子が16脚ズラリと並んでいた。ろう者は僕だけで他の15人は聴
> 者だった。そこで、2年、3年と働いている間に聴者はどんどん辞
> めていき、4年後にはろう者の僕だけが残って、最初からいた聴者
> はゼロになってしまい、僕は主任として指導する立場になった。
> **筆者：**責任者ですね。

　横浜の店では、最初は井上さん以外のスタッフは全員聴者であった。
入れ替わりが激しい中で、井上さんの伝手でろう理容師が次々と入店
し、4年後には店主を除いたスタッフはろう者のみとなった。最古参と
なった井上さんは、「主任」という立場で、店主とスタッフとの間に立
つ交渉や様々な理容製品の管理といった作業を任された。閉店後も、消
耗品の在庫を確認し必要な品を発注する手配を整えた。ただし、まだファ
クシミリがなかった時代であるため、井上さんが作成した注文品の一覧

をもとに、店主が翌日に電話で発注したとのことである。当時 20 代であった井上さんの給料は、16 万円に主任手当 4 万円を加えた 20 万円程度であったという。昭和 45 年(1970 年)の大学卒業者(男子)の初任給が 40,961 円[8]であったことを考え合わせると、井上さんが非常に高収入を得ていたことがわかる。

2.2.2 開店とその後の状況

　横浜の理容店で主任を務め、技術や店舗経営の経験を積んだ井上さんは、昭和 49 年(1974)に地元に戻って、自分の店を開くことにする。たまたま地元の法人会が運営する A 会館というビルで出店者を募集中であるとの情報を得て、応募する運びとなった。

　A 会館には、1 階に干物店、2 階に美容店(現在は閉店)と井上さんの営む理容店および法人会の事務局、3 階に市役所の分所が入居している。A 会館の建つ場所は漁港に近いため、魚市場、水産加工場、製氷会社等が多数並んでいる。昭和 49 年当時は、伊東市の漁業が隆盛を極めていた時期であり、この地区も非常に繁栄していた。その中に建つ新しいビルであった A 会館には、理容店を開きたいという希望者が 3 名いたとの事である。井上さんは、活気のある周囲の様子を見て、ここで開店すれば多数の来客が見込めると考え、母親に通訳を頼んで熱意を込めて申し込んだ。貸し手である A 会館法人会は、当初はろう者が店主として申し込んだことに戸惑ったようだ。

> **井上さん**：ここを借りたとき、本当は無理と言われた。というのは、A 会館法人会のメンバーと面接があり、「え、ろう者がお店を？ 無理無理！」と言われた。「いやいや、私には東京や大きなお店での経験があります」と説明すると「ほう主任？！　すごい！　それなら大丈夫、大丈夫」ということになった。ただし「家賃がいくら払えるのか、貯金がなくてはならない」と言われた。出店希望者は

3名。1人が僕で、残りの2人は聴者。僕は「えっ、A会館は月々の家賃が安いだろうと思って申し込んだのにな」と思いながら手持ちのお金を調べた。

「3人の中で、一番高い家賃で申し込んだ人に決めます。安い家賃の人は、不合格になります」と言われた。僕は「わかりました」と言って、思い切って88,000円と書いて申し込んだ。1人は52,000円、もう1人は65,000円だったので、88,000円と書いた僕に決定。あとの2人は断られた。僕は選ばれた後で、「お願いがあります。実は、僕は8万円も払えない」と言った。向こうは笑って、「まあまあ、最初の内は65,000円でいいよ」と言ってくれた。2番めの希望者が「65,000円」で申し込んでいたので、その金額にしてくれた。

　井上さんの申し出た「88,000円」という賃貸料は、当時は伊東駅前の一等地に店舗を開ける金額であったため、競争相手である他の希望者を退けることができた。その後に値下げをお願いし、貸し手側の法人会も笑って応じてくれたというエピソードからは、時代背景か、あるいは土地柄からくるのか、双方ともにおおらかな雰囲気がうかがわれる。

　こうした経緯で開いた店「理容タチバナ」には、井上さんの予想通り漁業関係者が多数来店した。客は最初はろう者の店ということで驚いたとのことで、また筆談には応じてもらえないことも多く、手探り状態での営業であったようだ。何度か来店するうちに、客と井上さんの双方が慣れてコミュニケーションがスムーズに進むようになる。それにつれ、次第に固定客が増え店は繁盛するようになった。

井上さん：このお店をオープンしたばかりのころは、初めてのお客様の場合は、コミュニケーション方法と言えばまず筆談。それに前に話したように、写真を切り取って貼り付けたもの。髪が長いのから短いのまで写真を何枚も貼った。また、タレントのヘアスタイル

の写真をそのままお客様に見せると、お客様は「ほう、この写真と同じようにしてほしい」と言ってくれるので「はい、わかりました」と言って写真と同じようにカットするといった方法。

一番困ったのは何かというと、この店の近くには魚市場があるので漁船の仕事をしているお客様が多い。その中には、文章が書ける人が少なくて、口でペラペラ話す人ばかりだった。筆談をしようとしても「いい、いい」と言われてしまう。自分の髪の毛をつまんで何か言われるのだけれど、僕にはわからない。「口で言われてもわかりません、書いてください」とお願いしても「書くのは嫌だ」と断られてしまう。仕方ないので、自分からお客様の髪の毛をつまんで、（手真似で）「長くですか？」「短くですか？」と尋ねたところ、うなずいて答えてもらえて、ほっとした。手話が少しわかるというか、「長い」「短い」という手話でのきちんとした表現までは通じなかったけれど、（大きな身振りで）「長い？短い？」とか「髪型は角型？」と尋ねると「そうそう」とか「いや、丸く」などというように手話を使ってコミュニケーションするお客様もいた。

筆者：で、終わったら「OK、OK」と納得してもらえる？

井上さん：そう、OKって。1回目の散髪が終わった後、2回目に来てもらった時には、僕も顔を覚えているので「この前と同じでいいですか？」と尋ねたところ「いやいや、もう少し短く」と表してもらった。それで僕も「最初は心配だったので、ちょっと遠慮気味に長めにしたけれど、もっと短いのが良かったんだな」とわかって、今度は短めにカットした経験もある。

筆者：お客様も慣れてくるんだ。

　また井上さんは、客の要望に応じて料金を割り引いたことから、近隣の理容店主から苦情を言われたが、機転を利かせて上述のろう理容師の不利な点を逆手にとってトラブルを回避した次のようなエピソードを語る。

井上さん：それとは別に、たまに、近くの理容店のマスターと言い争いになったことがあった。なぜかと言うと、お客様に「安くして、安くして」と頼まれて、僕も「まあ、いいか」と思った。あの頃は、たしか散髪代が3,200円だった。僕は「200円くらい引いてもかまわない」と考えて、「じゃ、3,000円でいいよ」と言ったのでお客様は大喜び。で、200円安く、3,000円で散髪をして帰って行った。そのお客様が黙っていてくれたら良かったんだけど、近所の人に「あのお店では3,000円で散髪してくれて、良かったよ」と喋ったらしい。で、噂がどんどん広まって、うちの店にいっぱいお客様が来るようになった。それが近所の理容店の耳に入り、マスターが僕の店にやってきて「うちでは、3,200円の料金で一生懸命に営業しているのに、そちらでは3,000円でやっているのは不満だ」と怒った。

筆者：う〜ん。

井上さん：僕は「まぁまぁ」となだめて、「ルールを破ったのは、僕が悪い。でもね、おたくのお店では、散髪しながら世間話をしてお客様に楽しんでもらってますよね。僕はそうはできない。理解してほしい」と言った。相手は「う〜ん」と考え込んでいたが、「ま、いいか」と認めてくれた（笑い）。

筆者：認めてくれた（笑い）。へぇ〜。

井上さん：そうそう。僕は、マスターに「お客様が来ても、僕は喋れない。すぐに、カットや、シャンプーや顔剃りを始める。お客様も黙っていなくてはならない。あなたはお話ができますよね。いろいろな世間話が。それに、散髪が終われば、お客様に「ありがとうございました」と言うでしょ。僕には「ありがとうございました」と言うこともできない。おたくのお店とうちとでは、サービスに大きな差があるので、少し料金を下げ200円くらい割り引いてもいいんじゃないですか」と言った（笑い）。

店舗の繁盛につれて井上さん夫妻だけでは対応しきれなくなり、近所に部屋を借りて2名の理容師(ろう学校後輩)に住み込んでもらい計4名(全員ろう者)の体制で店舗を営んだ。最盛期となる昭和55年(1980)から昭和の終わりにかけての時期には、地元の客に加えて東北や四国などの遠方から伊東漁港に入港する漁船の漁師たちも来店し、店は混雑するようになった。年末等の繁忙期には、夜を徹して働いた事もあったらしい。当然ながら店の売り上げも多額に上ることとなる。井上さんの回想によれば、閉店後には当日の売り上げの中から「1万円札を数も数えないでポケットに突っ込んで」仲間と夜の街に繰り出すこともあったそうである。

　しかしその後、日本社会全体における経済の沈滞や伊東漁港の衰退、さらには低価格チェーン店の出現といった理容業界の変化が訪れ、井上さんの店の客数も減少していく。

2.2.3 現在の状況

　現在では、従業員であった理容師たちが独立し妻も亡くなったため、井上さんが1人で営業している。井上さんは専門学校の講師[9]も務めているため、理容店の開店は火曜日・土曜日・日曜日の週に3日のみである(ただし専門学校の長期休暇中には、定休日である月曜日と第三日曜日以外は開店する)。固定客が多いため客たちも状況を把握しているが、井上さんは周知のため月ごとのスケジュールを店外に貼りだしている。

写真5：理容タチバナ店頭における営業時間のお知らせ

今では井上さんは、理容店よりも専門学校での指導に重点を移したようである。しかし、開店時から 40 年以上も通い続けている客を含め常連客が 50 人程度残っている。いずれも高齢である客たちから店を閉めないでほしいと頼まれている井上さんは「今まで贔屓にしてもらった恩義もあるのでね」と語る。

写真 6：理髪作業中の井上さん

常連の客への応対を見ると「いつもどおり」と確認後、カット、シャンプー、顔剃り、マッサージ、ドライヤー、調整といった一連の作業をスムーズに進め、その間に客は気持ちよさそうに眠っている場合もある。髪型を変えたい（たとえば、丸刈りにする等）客に対しては筆談を使うが、ほとんどの場合はお互いに慣れているため特別なやりとりを行わなくても理髪作業が進行している。また常連客の中には、髪の毛の「長い」「短い」や、マッサージ等の「強い」「弱い」といった単語を手話で表す人もいる。長年の付き合いの中で、こうした理髪に直結する表現を、客たちは自然な形で井上さんから学んだらしい。こうした常連客にとっては、井上さんの店は馴染み深く安心してくつろげる場であり、閉店されては困るという気持ちが良く理解できる。この理容タチバナという空

間からは、理容師と客、またはろう者と聴者という関係性を超越し、年を経た旧友同士の間にゆったりとした穏やかな時間が流れているという雰囲気が伝わってきた。

2.3 ディプロマのプライドが輝くユニセックス・ヘア・サロン
　　　—ヨシアキの店
2.3.1 生い立ち

　望月さんは、高熱を治療するために受けた注射が原因で6歳の時に失聴した。このような薬剤性難聴を引き起こす物質としては、ストレプトマイシン(ストマイ)、カナマイシン、ゲンタマイシンなどの抗生剤が知られている。しかし望月さんの場合は、現時点では原因となる薬剤は特定されていない。

> **筆者**：聞こえなくなったのは、いつですか？
> **望月さん**：6歳の時です。ひどい病気になり高い熱と咳が出たため、注射を打ったのが原因のようです。今はよい薬がありますが、昔はなかったので…
> **筆者**：注射薬はストマイですか？
> **望月さん**：そうかな？　薬の名前は覚えていませんが。聞こえなくなってから、お母さんが私を呼ぶ時には、私に向かってタオルを投げたり床を足でトントンと踏んで振動を伝えてくれたことを覚えています。

　望月さんは、失聴時(6歳)までにかなりのレベルで日本語を獲得していたと考えられ、現在も明瞭な発音で話す。こうした状況のためか、小学校入学時に、両親はろう学校ではなく、補聴器を装着して普通校に通学する道を選択した。しかし、次第に普通校での学習は困難となり、途中(6年生)からろう学校に転校する。ろう学校では、友達との交流を通

して短期間で手話を身に付けたとのことである。

> **望月さん**：補聴器を使ってもあまり良く聞き取れず、また私は背が高いので、教室の後ろの席に座らされたこともあって、先生の話はほとんどわかりませんでした。隣の席の生徒にノートを見せてもらったりしましたが、2年生、3年生と学年が進むにつれて、どんどん勉強が遅れてしまいました。それで、5年生の時に、「ろう学校に行った方がいい」と勧められ、小学6年生の時に、沼津ろう学校に転校しました。
> **筆者**：ろう学校に入って、どんな感じでしたか？
> **望月さん**：そうですね、最初は手話が全く分からないので大変でした。ただ、ろう学校の進み方は普通校と比べると3年位遅れていて、6年生の授業でも3年生の教科書を使っていたので、勉強は楽でした。手話もだんだん覚えてきて、友達も増えて楽しかったです。

　高等部への進学にあたっては、理容科を選ぶことになる。そこには、「一生食べていける技術を身に付けてもらいたい」という、父親の強い希望があったようだ。

> **筆者**：理容科を選んだのは？
> **望月さん**：私は車が好きなので、本当は運転関係の仕事が希望でした（笑い）。お母さんには、「耳が聞こえないから、事務の仕事がいいよ」と、市役所、農協、税務署などに就職するように言われました。けれども、お父さんから理容科を勧められました。お父さんは、自分が散髪に行く時には、いつも私を連れていきました。そこで、私は理容店の様子や理容師さんの仕事を見て、やってみようかなと興味を持ったわけです。

当時の理容科は、ろう学校の中でも学力面・行動面ともに秀でた生徒が多く進学していた。しかし、やんちゃな望月さんは、理容科の中では枠をはみ出しがちであったとのこと。また、友達と手話で談笑しているのを聴者である他校の生徒が注視すると、先頭を切って喧嘩をしたらしい。当時の喧嘩相手が、その後客として偶然来店し、今では固定客となっているそうだ。

> **望月さん**：でも、私は理容科では「問題児」でした。同級生たちは、先生の言う事をちゃんときいたのに、私だけは言いつけを守らない。ケンカが好き、女の子も好きで…（笑い）。私たちが手話で話しながら歩いていると、別の高校の生徒たちがじろじろ見るので、よくケンカをしました。その頃のケンカ相手が、今はお客様として来てくれてます（笑い）。
> **筆者**：えっ、偶然ですか？（笑い）
> **望月さん**：そう、偶然。「望月さんは、体が大きくて怖かった」と言われます（笑い）。

　このような「問題児」であった望月さんであるが、現在では全国のろう理容師の中で有数の技術を持ち、また多くの聴者が開業している富士市内においても、トップクラスの理容店を営むに至った。恩師であるM先生も常連客の1人である。

> **望月さん**：それに私は洗濯が嫌いで、ずっと同じ服を着ていたため、「望月は不潔だ！」と怒られました。一度、木工科に行ってみたけれど、やっぱり合わないので理容科に戻ってきました。でもね、理容科の同級生は14人いたけれど、現在、理容店を開業しているのは、私を含めて4人だけ。いつも私を叱っていた先生は、今でもこのお店に来てくれて「望月は問題児だったのに、ずいぶん立派になっ

たね」と言ってくれます(笑い)。

2.3.2 開店までの流れ

　卒業後、望月さんはまず富士市内の理容店に就職する。しかし、ほどなく退職し一般の会社勤務を試みた。ところが製造ラインの仕事は性に合わず、再度理容師として働くことになる。

> **望月さん**：まず最初は、富士市内の理容店に勤めました。店主は聴者で、話が通じなくて大変。この仕事には向いてないのかなと思い、1年くらいでそのお店を辞めて、一般の会社に就職しました。
> **筆者**：理容の仕事ではなくて？
> **望月さん**：そう、流れ作業の仕事。でも合わなくて2日で辞めました。
> **筆者**：えっ、2日だけ？！
> **望月さん**：そう、2日だけ(笑い)。その後は、沼津市の理容店で働きました。そこも店主が聴者で大変だったけど、我慢して続けました。

　沼津市の理容店で約2年半にわたって腕を磨いた後、望月さんは出身地である富士市に戻り、市内の理容店で働きながら、自分の店を開くための土台を固めることを目指す。

> **望月さん**：そのあと、富士市に戻って、市内の店に勤めました。富士市に帰って来た理由は、将来、自分の店を開く時に備えて、お客様に顔を覚えてもらうため。その富士市の理容店を辞めて自分の店をオープンする時には、300人くらいのお客様の名簿を持っていたので、挨拶状を出しました。

　またこの時期に、望月さんは「ユニセックス・ヘア・サロン」を開き

たいという夢を抱くようになる。しかし当時の理容店は男性客のみを対象にしていたため、女性用のカットを身に付ける機会がなかった。そのため、望月さんは理容店に勤務しながら、休日には上京して自費で研修を受けて女性用カットの技術を学んだ。

望月さん：私の夢は、そのころ東京や横浜で流行り始めていた、男性も女性もカットする「ユニセックス・ヘア・サロン」でした。でも、富士市では理容店は男性客ばかり。だから、男性のカットは店で覚えられたけれど、女性向けのカットは教えてもらえなかった。それで修業中に店が休みの日には、自分で東京に行ってレディス・カットの研修を受けました。原宿、赤坂、六本木、八王子、いろいろな所へ行って勉強しました。

筆者：研修を受ける時、ろう者は望月さんだけ？

望月さん：はい、1人だけ。通訳はなくて、板書を一生懸命書き写して勉強しました。実技には、ウイッグを使ってカットしました。1年間にウイッグを60個くらいかな？

筆者：わぁ、使い捨て…？

望月さん：そう、使い捨て（笑い）。

　こうしてレディース・カットの技術を習得した望月さんは、仕上げとしてロンドンのヴィダル・サスーン・アカデミーに留学する。同アカデミーは、世界的に有名なヘア・ドレッサーであるヴィダル・サスーン（Vidal Sassoon 1928–2012）が経営する美容専門学校であり、初心者が受講するコースから、すでに技術者として活躍している上級者が研修のために受講するコースまで、各種のコースが用意されている。1969年の開校以来、世界各地からの受講生を受け入れており、日本人も数多く学んでいるため、国内に留学を斡旋する機関が存在する。すでに理容師資格を有し国内でさらに技術を磨いた望月さんは、上級者向けのコースを

修了し、ディプロマの資格を得た。

> 望月さん：東京で、レディス・カットを 2 年くらい勉強した後、基本は身に付いたので、昭和 53 年に、ロンドンのヴィダル・サスーン・アカデミーに行き、研修を受けました。当時は、アラスカ経由で 15 時間くらい飛行機に乗りました。
> 筆者：ロンドン？　英語で申し込んだのですか？
> 望月さん：いや、日本人のスタッフがいて、日本語の筆談で受け付けてもらえました。研修は A コース、B コースとあり、A コースは実技があり、B コースは授業だけ。私は A コースを受けました。内容はとても厳しかった。世界中から受講生が来ていて、日本人も 20 人くらい。その時も、ろう者は全体の中で私だけでした。
> 実習が終わった後、研修旅行があり、ヨーロッパ各地のヘア・サロンを見学しました。フランスやオランダのヘア・サロンが素晴らしく、憧れました。イギリスで困ったことは食事がまずかったこと。
> 望月真弓さん（横で話を聞いていた）：そう、彼がロンドンから帰って来た時には、とても痩せていて、私はかわいそうで涙が出ました（笑い）。

　ちなみに現在望月さんの店で働いている梅林由美子さん（沼津ろう学校昭和 53 年度卒業）も、ヴィダル・サスーン・アカデミーの修了生である。梅林さんは入店後およそ 5 年が経過した頃、カットの技術が身に付いたので研修を受けるようにとの望月さんの勧めにより、店が経費を負担する形でロンドンに留学し、望月さんと同様にディプロマの資格を取得した。店内には、望月さんと梅林さんの修了書が掲示されている。

写真7：望月さんの修了書　　写真8：梅林さんの修了書

　また、望月さんの妻真弓さんは、ろう学校洋裁科出身であり、結婚後ともに理容師として働くために一般の理容専門学校に通い資格を得た。

> **真弓さん**：私は、ろう学校は洋裁科なんです。主人と結婚した後で理容師資格を取りました。
> **筆者**：え、そうなんですか！　珍しいですね。
> **真弓さん**：市内の専門学校に通いました。子育て中だったので、とても大変でした。夜に勉強したいのだけれど、子供ってなかなか寝てくれないでしょ（笑い）。
> **筆者**：そんな中で、国家試験に合格したのですね。頑張り屋さんですねぇ！

2.3.3 開店後の状況

　帰国後、望月さんは以前の勤務先で得た顧客300人の名簿をもとに、市内で初めてのユニセックス・ヘア・サロンとして、「ヨシアキの店」を開く。最初のころは、飲食店等に出かけては、帰り際に名刺を渡して来店をお願いすると言った地道な営業活動を重ねたとのこと。その後、しだいにイギリスで修行しディプロマの資格を持つろう理容師として話

題となり、マスコミにも取り上げられた。

> 望月さん：帰国後、昭和 53 年 6 月に店をオープンしました。場所は今と同じです。その後、平成 4 年に建て替えたのが、この店です。来月で開店以来 38 年になりますね。富士市で初めてのユニセックス・ヘア・サロンでした。また、昭和 53 年の開店当時は、ヴィダル・サスーンの認定を受けている店は、富士市内でうちだけでしたが、現在では他にもあります。
> 開店したばかりのころは、お客様はボツボツと言ったところ。順調になったのは 3 年目くらいからかな。それまでは、いろいろな飲食店などに出かけ、名刺を渡して営業活動をしました。また、イギリス仕込みのカットで人気のろう者の店として「ハンディ乗り越え世界中で修行」という見出しで新聞に載ったり、テレビの取材を受けたことも 2 度あります。

　開店後まもないころから通っている男性常連客からは、「偶然お店に入ったら、「私たちは耳が聞こえません。どのようにしますか？」と筆談でみせてもらい、なるほどと思いました。驚いたのは、女性客がいたこと。その頃、自分は「理容店は男性、美容院は女性」と思い込んでいたので。カットの腕が良いので、その後もずっと通っています」との話を聞いた。当時の富士市では、ユニセックス・ヘア・サロンは非常に先進的な存在であったようだ。

2.3.4 店舗の現在の状況

　ヨシアキの店は富士駅（JR）から約 2.5km 北の市役所、図書館、市立中央病院等が立ち並ぶ市内の中心地区に位置する。あざやかなエンジ色の 3 階建てのビル（平成 4 年築）の 1 階が店舗、2・3 階が住居となっている。店舗ドアには若き日の望月さんの写真が貼られ、入り口

には、かつての愛車であるフェラーリのタイヤを用いた看板があり、「INTERNATIONAL VIDAL SASSOON HAIR CUTTING」との表示がある。「理容店」というより、いかにも「ヘア・サロン」というお洒落な雰囲気が漂う。

写真9：ヨシアキの店外観

写真10：ヨシアキの店内部

　同店では、望月さん夫妻と、梅林さん他2名の女性スタッフが働いている。全員ろう者で沼津ろう学校の卒業生である[10]。店内は明るい雰囲気で、理美容用の椅子が6脚設置されている。三方の壁面は鏡になっており、それに加えて全身が映る大きな鏡も備えられている。入ってすぐ左側にある待合コーナーには、ハリウッド映画スターやフェラーリの写真等と並んで、先述の望月さんと梅林さんのヴィダル・サスーン・アカデミーの修了書が飾られている。

　ヨシアキの店のスタッフは、全員補聴器を装着し各自が筆談用のボードを準備している。残存聴力のレベルは個々に異なるが、「音」がするのは把握できるが話されている内容の理解は難しいとのことである。なじみの客の中には、状況がわかっているため、相手が読み取りやすいように配慮した話し方をする人が多い。

筆者：皆さんの接客の様子を見ていると、筆談が多いですね。お客

様も慣れていて、大きく口を開いたり、ゆっくりと話していらっしゃますね。

望月さん：はい、うちのスタッフは、全員、補聴器を付けています。長く通ってくださるお客様が多いから、わかりやすく話してくださいます。注文などの簡単な内容はだいたい口話で大丈夫です。けれども、接客としての楽しんでもらうお喋りは難しい。たとえば、話の中で、「江ノ島」、「鎌倉」といった単語を聞き取って、「江ノ島はどうでしたか？」くらいは話せますが、ニュースなどの時事問題といった複雑な会話は無理ですね。

こうした口話と筆談との併用による客とのコミュニケーションには、ろう学校における口話教育の成果が、活かされているのだろうか。梅林さんは、次のように語る。

筆者：ろう学校では、口話教育が厳しかったと聞いています。それは、今の仕事に役立っていますか？

梅林さん：口話教育は、とても厳しかったです。結果的には今の仕事に役立っています。理容師の仕事では、お客様の口を読んだり話したりが大切なので。

でも、私にはお客様の話している内容は50％くらいしかわかりません。わからない時には、他の人に通訳してもらったり[11]、あとは勘です。長い間この仕事をしているので、勘でピンときます。勘は大事ですね。また、お客様の口を読み取った内容を私が書いてお客様に見てもらい、間違いがないか確認をお願いすることもあります。

ヨシアキの店では、会計の時には料金を電卓で表示して見せ、確認が行われている。また次の写真に示すように、いろいろな商品の説明を手書きしたものが鏡の横に貼られている。

> 望月さん：普通の理容師なら、作業をしながら、お勧めの商品など、口で説明できますよね。私の店では、それは無理なので、お客様に読んでいただけるように書いて貼っています。

 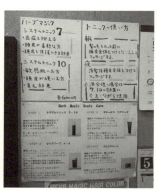

写真11：理髪作業中の望月さん　写真12：カット中の客が読める手書きの説明

　また、梅林さんがカット作業中に、若手スタッフが客の後に立ってタオルを拡げていた。この動作には「カットの仕上げの時に、髪の毛が飛び出ているところなどが、はっきり見えるように、黒い髪のお客様の時には白いタオルを、白髪のお客様の時には黒いタオルを拡げています。そうすると、カットする人が鏡の中でお客様の髪を見やすいので」との目的がある。聴力の有無とは直接的な関係はないが、視覚を用いたスムーズな確認を行っていることがわかる。また同時に、先輩のカット技術を身近で観察することにより、身に付けられるという利点もある。
　ヨシアキの店には次々と客が来店し、5名の理容師がほぼフル回転で対応している。とても繁盛しているように見受けられるが、望月さんによれば、最盛期に比べると客数は減少傾向にあるとの事である。

> 筆者：開店以来38年間で、今がピークですか？

望月さん：いえいえ、違います。ピークは20年前くらいかな。そのころは、毎日多くのお客様に来てもらえました。今は平日は主婦や高齢者の方が中心で、土曜・日曜には勤め人や学生さんが来て下さるので、平日の2倍くらいかな…ただ、昔はカットのお客様が中心でしたが、お客様の高齢化につれて今は白髪染めが増えましたね。

　固定客の中には、親子2代で来店する人や、大学進学や結婚を機に他県に引っ越した後も、実家に帰った時には必ず望月さんの店でカットする人もいるとのことである。腕に自信を持つ望月さんは、新しい客が来店した場合、リピーターとなってもらえるかどうか「勝負」という表現を用いて意気込みを語る。

筆者：初めて来店されるお客様は、ろう者の店であることを知っていますか？

望月さん：知らない人もいますが、知っている人が多いですね。友達に紹介されたとか。初めてのお客様には、筆談で「私たちは耳が聞こえません。どのようにしますか？」と尋ねます。「お任せするので、自分の顔形にあった髪型にしてください」と言われると「勝負だ！」という気持ちになり、燃えますね(笑い)。そのお客様に、2回目、3回目と来店してもらえるととても嬉しい。「勝負は成功！」という事ですから。1回だけで、あとは来てもらえないダメな時もありますが。それは仕方ないですね。

　若いお客様は、特にカットの技術に詳しく注文が厳しいです。スマホを見せたり「ヴィダル・サスーンのカットでお願いします」と指定されることもあります。

　また、ディプロマの資格とそれに伴う高い技術を有するヨシアキの店では、市内の他店と比較すると若干高めの料金設定となっている。

> **望月さん**：うちの店は、他のお店の料金よりも少し高くなります。私には、イギリスでディプロマの資格を獲得したプライドがあるので、値段を下げることはできません。お客様の中には、退職されて年金生活になり、低料金のチェーン店などに変わられる方もあります。残念だけれど、仕方ないですね。

　この点に関して、長年通っているという女性客の1人は「カットの腕が良いので、髪が伸びても見苦しくならない。少し間隔をあけても綺麗なヘア・スタイルでいられるため、1回のカット料金が高くても、結局はお得」と納得している。
　客との信頼関係について、望月さんがスタッフに参考資料として配っているプリントを見せてもらった。その一部を紹介する。

　お客様からの確かな信頼を得るには、自信を持つことが大事。そのためにしっかりと技術と知識を身に付け、実力に裏打ちされた内面の強さを持ちましょう。また、うわべではない心からの思いやりを持つことで、お客様との信頼感はより強まります。

　また、具体的な留意点として、次の2点が強調されている。

　①確かな技術と知識を身に付ける。
　②お客様の身体や心を、心から心配する。

　ドアの所には「お大事に！」と書いたボードが掛けられている。これは、体調を崩した客や高齢の客が増えてきたので、帰り際に声をかける代わりとして見てもらうためとのことである。また梅林さんは、次のような点を常に心がけていると語った。

梅林さん：私がいつも気をつけていることがあります。それは、お客様が帰られるとき、きちんと「ありがとうございました」と挨拶することです。私がカットを終えたあと、顔剃りやシャンプーなど、他の人が担当することが多いのです。私は次のお客様をカットしていても、お帰りになる時にはカットの手を止めてお見送りします。聴者なら支払いの時の会話などが聞こえて、お帰りになるとわかるのですが、私は聞こえないのでお客様の様子に気をつけています。
筆者：なるほどね。良いマナーですね。お店には鏡が沢山あるので、お帰りになる様子がわかりますね。
梅林さん：そうそう（笑い）。

望月さんの目指す「うわべではない心からの思いやり」は、こうした梅林さんたちの日々の実践に表れているようだ。

ヨシアキの店には、高レベルの技術と客への思いやりを基本とし、活気のある明るい雰囲気が漂う。ろう学校時代の「問題児」が今では立派に成功を収めている望月さんに、今後の希望を尋ねてみた。

筆者：ところで、将来の夢はなんですか？
望月さん：夢は、女性用のエステ・サロンを開くことです。
筆者：わぁ、いいですね。このお店で、ヘア・サロンとエステ・サロンを両方やるのですか？
望月さん：いや、別の店を建てたいのです。資金が難しいのですが（笑い）。
筆者：実現するといいですね。

何年か後には、きっと望月さんのエステ・サロンも見学させていただけると筆者は期待している。

3. アンケート調査

　ろう理容師による店舗におけるコミュニケーションに関してより広範囲の知見を得るため、ライフストーリー・インタビューに加えてアンケート調査を行った。アンケート用紙を巻末に添付する。この用紙を全ろ理連西島理事長にお願いして平成27年4月から7月にかけて会合の席で配布ならびに回収していただいた。無記名方式で実施し、有効回答数は35名であった。

　次の図6に、店舗におけるコミュニケーションの方法に関わる設問の結果を記す。

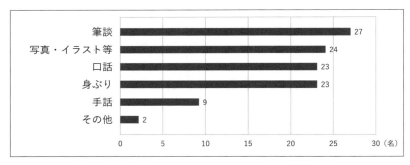

図6：聴者の客とのコミュニケーション方法（複数回答）

その他：2名（タブレット型コンピュータ、息子通訳）

　上記の結果から、筆談、写真・イラスト、身ぶりといった視覚による手段が多用され、また口話も高い比率で併用されていることがわかり、これはライフストーリー・インタビューにおける調査協力者の語りと一致する。また、聴者の客のほとんどが手話を知らないのではないかと考えられるが、9名が客とのコミュニケーションに手話も使用していると回答している。

　このように、店舗における主要なコミュニケーション法の一つとして口話が用いられている。ろう理容師たちは、これをろう学校での口話教

育の成果ととらえているのだろうか。次の図7に、口話教育に関する設問の回答を記す。

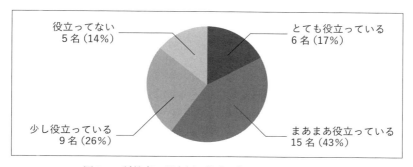

図7：口話教育は理容師の仕事に役立っていますか？

　この設問に関しては、「肯定」「やや肯定」「やや否定」「否定」という分類を目指し、当初は3番目の項目は「あまり役立っていない」とした。しかし文案を校閲してもらった友人(ろう者、手話教師)から、「あまり役立っていない」という表現はろう者にはなじみが薄いとの指摘を得たため「少し役立っている」に変更した。「あまり役立っていない」と「少し役立っている」は同義に解釈してもよいとのことであるので、「少し役立っている」は「やや否定」と捉える。この結果、図7が示すように口話教育を「肯定・やや肯定」と答えたろう理容師の割合が60%、「否定・やや否定」が40%であった。

4. まとめと考察
　ろう理容師たちが、店舗内での接客において実際にはどのような工夫をし、どんなストラテジーや手段を選択しているのかを、インタビュー、店舗での観察、アンケートの三つの方法により調査した。以下に、それぞれのコミュニケーション方法や客の様子等を報告する。

4.1 筆談

　ライフストーリー・インタビューで語られているように、開店当初や初めての客に対しては、まず耳が聞こえないことを筆談で伝えるのが一般的なようである。店舗における理髪作業の際に、ボードや紙やペンを持ち出して筆談をするというのはかなり面倒ではあるが、自分の言いたい内容を確実に伝えるためには、筆談が最適な方法と言える。真間三男理容室および理容タチバナには筆談に使用するためのボードやメモ用紙が準備され、またヨシアキの店では理容師全員が筆談用のボードを身に付けている。客の側も、細かい点まできちんと注文したいと望む場合は、筆談を用いて注文している。ヨシアキの店のスタッフ梅林さんのように、相手の発話を口型から読み取った後、理容師自身が書きとって客に見てもらい確認するといった方法も使われている。

　また、真間(三)さんは、毎週決まった日時に近所の病院への出張理髪を行っている。この間、真間(政)さんが1人で営業しているが、対応しきれない場合に備えて「主人はS病院で仕事をしています。3時からあとに来てください。」と書いた紙を準備し、客に見せている。こうした込み入った内容を間違いなく伝えるには、やはり筆談が適しているのであろう。

4.2 写真・イラスト等

　先述のように、写真やイラストを用いたヘア・カタログが多用されている。これらはろう理容師用に販売されているわけではなく、一般の理容店や美容室にも置かれているが、視覚を利用したこうした素材は、ろう理容師にとっては非常に重宝である。井上さんの話によれば、かつてはこうしたカタログが市販されていなかったため、雑誌に掲載されたタレントの写真を切り抜いて、自作していたそうである。

　さらに、最近の傾向として、スマートフォンやタブレットの画像で注文する客の増加が見られる。

4.3 口話

　ろう理容師にとって、読話はきわめて必要度の高い能力である。客のほとんどが聴者であり、彼らが手話を理解せず筆談の使用頻度もさほど高くない以上、相手の意図を掌握するためには、読話はきわめて重要である。また、ろう理容師の方から客への問いかけや返事に声を使うことも多い。ただし、ろう理容師と客との口話による会話は、たとえばカットする長さを決めるための「長い？　短い？　OK?」や、パーマのウェーブについての「強い？　弱い？」、分け目の有無を問う「分ける？　オールバック？」といった理容師の声による問いかけに対して、客が「OK」、「強め」、「分けて」などと答えるといった単語を並べた短いやりとりに限られており、その範囲では充分な意志疎通が成り立っている。一般的な聴者の感覚では、ぶっきらぼうともいえる会話であるが、客は相手がろう者であることをすでに承知しているので不快には感じない。

4.4 身ぶり

　また、上記の「長い？　短い？　OK?」との問いへの「OK」という答えや、「強い？　弱い？」に対する「強め」、「分ける？　オールバック？」に対する「分けて」といったやり取りは身ぶりで交わされることも多い。鏡を用いた打ち合わせの場合には、理容師も客も鏡に映る像の所定の部分を指さして「ここまでカット」とか、「ここにロッドを巻いて」等と伝え合っている。常連客中心の井上さんの店では、こうした基本的な単語を手話で表す客も多い。

　さらに、西島さんは植木の剪定や野菜作りについて、身ぶりを使って客とのお喋りを楽しむとのことである。店舗観察においても、ろう理容師と常連客とが、旅行の経験談や競輪の成果といったかなり複雑なレベルの世間話までも、身ぶりで交わす様子も見かけた。

4.5 手話

　アンケートでは、9 名が聴者の客と手話を用いてコミュニケーションすると回答している。筆者の見聞した中では、ろう理容師の店に通う事になったのをきっかけに、客が手話の学習（サークル入会）を始めた例として、NHK の番組中で森崎興蔵の店でのエピソード [12] が挙げられる。また、ろう者の親を持つ聴者 [13] や、手話講習会や手話サークルでろう理容師と知り合った手話学習者が、客として来店するというケースは、観察を行った 3 店舗のいずれにおいても見受けられた。このような場合には、ろう理容師と客との間で、当然ながら手話での会話が行われている。

　また、井上さんが語るような「「長い」「短い」という手話でのきちんとした表現までは通じなかったけれど、（大きな身振りで）「長い？　短い？」とか「髪型は角型？」と尋ねると「そうそう」とか「いや、丸く」などというように手話を使ってコミュニケーションするお客様もいた」という状況も、手話によるコミュニケーションと捉えて回答されているのかもしれない。

4.6 客からの歩み寄り

　筆者は調査を開始する前には、ろう理容師と聴者である客とのコミュニケーションの場においては、客と接客側という立場の非対称性から、客側からの歩み寄りは少ないのではないかと予想していた。しかし実際には、ろう理容師たちが一方的に意志疎通に努めているのではなく、客たちの側も様々に工夫して、意志疎通を図っており、そこでは次に示すような視覚的手段が使われていた。

　①筆談（あらかじめ作成したメモを持参する場合もある）。
　②スマートフォン、タブレット、カタログ等を用いた希望のヘアスタイルの表示。

③口を大きく開ける、ゆっくり話すといった相手が読み取りやすいように する工夫。

④手話単語や身ぶりを使った表現。

　具体的な例として、真間さんご夫妻の店で観察した男子高校生の客の注文の状況を挙げる。この客は、まず、店に準備されている筆談ボードに「短めでブロックを少し入れてください。あんまりハデじゃなく」と書いて真間(三)さんに渡した。真間(三)さんはヘア・カタログを開いて客の希望に近い髪型を見せ、「こんな感じ？」と口話で確認した。その後、２人で各パーツの長さ（「３センチ」など大きく口を開けて話す）、かぶせ具合（両手を髪に見立てた身ぶり）、形（空中に書く）等、上記の①〜④に掲げたすべてのコミュニケーション手段を駆使して、丁寧に細かく打ち合わせしていた。その様子からは、髪型が気になる年頃のせいもあるのか、思い通りの髪型に仕上げてもらうために是が非でも自分の希望を完璧に伝えたいという熱意が感じられた。

4.7 客のコメント

　見学させていただいた各店舗において、客に対してインフォーマルな形でのインタビューを行った。一般的な日常会話として、筆者から「ここのお店に通い始めて長いんですか？」、「ここのお店のいいところは？」などと問いかけたり、また、待合コーナーで座っていると、客の側から話しかけられることも頻繁にあった。

　各店舗とも常連客が多いためか、客からは「もうずいぶん長く通っている」、「うーん、いつからか忘れちゃったよ」といった話が多い。近所に理容店が数多くある中で当該の店を選んだ理由を尋ねると、「仕事ぶりが気に入っており、安心して任せられるから」「なんといっても、ここのマスターは腕がいいから」、「古い付き合いで気心が知れていて安心」、「丁寧にやってくれるので気分がいい」、「この料金で、きちんとやっ

てくれる。安いチェーン店とは全然ちがう」などであり、なかでも理容技術を高く評価する声が多かった。理容師たちが「ろう」であることに関わるコメントは「知り合いから、耳が聞こえないけど腕のいい床屋が桜木町にあると聞いて興味を持って行ってみたら、仕上がりが気に入ったのでずっと来ている」(真間さんご夫妻の店)の1例のみであった。調査を行う前の筆者は、客のコメントとして、たとえば「耳が不自由な理容師さんが頑張っているので応援しています」というような、「聞こえないこと」を不幸と捉え、そのハンディを乗り越える姿を美化する医学モデル的もしくはインスピレーション・ポルノ的な声もあるのではないかと考えていた。しかし予想に反して、いずれの店舗においても、そうした視点に立つコメントは全く聞かれなかった。

4.8 その他

　店舗観察で気づいたのは、理容師がろう者であり聞こえないことを承知しながらお喋りをする客がかなり多いことである。真間(三)さん、井上さんの場合は、音が聞こえないので、口元を見なければ客が話していることがわからない。理髪作業中は、当然ながら手元を見ているので、客の話には反応しない。真間(政)さんは、補聴器を装着すると客が声を出していることは把握できるが、音がしていることがわかる程度であり何が話されているかまでは聞き取れない。真間(政)さんは話の途切れたところで「そうね」などと相槌を打つこともあるが、話の内容と相槌が食い違う事も多い。ヨシアキの店の理容師たちは全員補聴器を装着しており、その聴力のレベルには個人差がある。しかし、いずれもナチュラル・スピードでの聴者の話を聞き取ることは無理なようで、聞き取れた単語から類推して、簡単な受け答えをしているとの事である。

　こうした状況でも、楽しそうにお喋りする客が何人もいるのには驚いた。話の中身は、昨夜のナイター、競馬、近所の噂話など他愛もない内容である。

また、真間三男理容室および理容タチバナで、筆者が理容師たちと手話で話し始めると、それまで話し相手だった客から、「ああ、あんたも聞こえないんだね」と言われたことにも驚いた。それまで筆者とその相手との間で当然ながら音声のみで会話が成立していたことは、どのように受け取られているのだろうか。そもそも筆者がろう者であれば、「あんたも聞こえないんだね」という質問自体が把握し難いはずである。

車椅子や白杖の使用者と比較して、聞こえないことは「見えない障害」であるといわれることがある。しかし、ろう者が営む理容店においては、客は相手がろう者であると承知しており、いわば「聞こえない」ことが可視化されている。しかし、こうした客たちの様子を見ると、ろう者の営む理容店では「聞こえない」ことがあまりにも日常化し、特有の親密な雰囲気が醸し出されていると感じた。この点については、第7章においてさらに検討する。

4.9 コミュニケーション実践の総括

第2章4節で論じたように、口話教育は植民地主義に擬えられる抑圧的施策とも捉えられ、当事者であるろう者から多数の厳しい批判を浴びている。ろう学校理容科の卒業生であるろう理容師たちは、自らの職業生活において、口話教育の成果をどのように評価しているのであろうか。調査を開始する前には、筆者はろう理容師たちからも口話教育に対する厳しい反発が語られるものと想定していた。しかし、ライフストーリー・インタビューを始めると、そうした予定調和的な展開は見られなかった。こうした先入観を抱くこと自体を問い直し、ろう理容師たちの語りについての予断を排した考察を試みた結果、以下の様な結論に達した。

まず、理髪作業に直結する接客に関する範囲においては、口話教育により獲得された読話と発音のスキルが非常に役立っている。「長い？短い？　OK?」といった理容業の根幹の部分でのやり取りは、ろう理容師が身に付けた口話の能力で十分に可能である。それゆえに、多数の

ろう理容師たちが、聴者の客とのコミュニケーション法の一つに「口話」を挙げ、また 60％のろう理容師が口話教育を肯定する回答をしているものと考えられる。

　アンケートのコメント欄に「トータルコミュニケーションで使えるものはなんでも使う」と記載している回答があった。ろう教育の分野で使われる「トータルコミュニケーション」とは、口話、キュード・スピーチ[14]、日本語対応手話、指文字、書記日本語等、ろう児各個人に合わせてあらゆる手段の有効活用を考える教授法を意味する。ただしトータルコミュニケーションに対しては、日本語対応手話やキュード・スピーチなどの人工的な手段に頼りすぎ、また教育内容を教科書に書かれた知識の伝授に限定しすぎたこともあり成功をおさめてはいない（佐々木 2015）、コミュニケーションにこだわり言語獲得という基本的な課題をおろそかにしてきた結果、いずれの手段も不十分に終わる（斉藤 2016）等の批判がなされている。しかし上記の回答者は、「トータルコミュニケーション」という語を、上記のようなろう教育における教授法としてではなく、字義どおりの「総合的なコミュニケーション」という意味で用いていると考えられる。ろう理容師たちによる聴者の客とのコミュニケーション実践は、まさにその通りであるといえよう。口話教育全盛期にろう学校に在籍した生徒たちは、その是非の議論とは別に発音・読話の訓練を受けざるを得なかった。こうして身に付けた口話能力を含め、ろう理容師たちは「使えるものはなんでも」使ったコミュニケーションにより、たくましく理容業を営んできた。

　いっぽう、聴者に十分には通じない発音や「ペラペラ」話されると「お手上げ」となる読話では、理容師として、経営者として、また社会人として情報を獲得し自らも情報を発信していく必要性を充足させるには程遠い。要するに、ろう理容師にとって口話教育の成果は、「店内」においては髪型や待ち時間の確認といった基本的なコミュニケーションにとどまり、客への詳しい説明や世間的なお喋りが可能なまでには至らな

かった。まして「店外」における講習会や技術研修といった理容師としての情報取得や、さらに社会生活全般に必要とされるコミュニケーションについては、口話教育で得た限定的なスキルは用をなさない。

図8は、こうした各段階における、ろう理容師と聴者の客(ならびに関係者)とのコミュニケーション実態をまとめたものである。

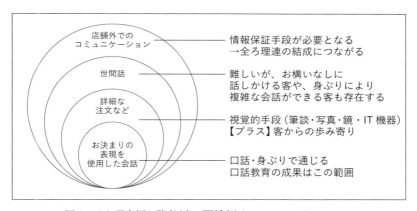

図8：ろう理容師と聴者(客・関係者)とのコミュニケーション

1　清田さんは左利きである。筆者は、当時は左利き用の理容鋏がなく苦労したとの話を聞いていたため、こうした質問となった。
2　開業に際しては、お店のお客さんである銀行員に教えてもらった世帯更生資金貸付制度を利用した(100万円)とのこと。
3　本書の調査協力者は、全員が経営者であるが、当然ながら理容店に勤務する立場のろう理容師も存在する。
4　自分の声を聴くことができないろう者は、声の大小や息のコントロールに無理があり、独特の低い声や逆に甲高い声を出す人が多い。
5　昭和50年代半ばから平成の初期までとのこと。
6　開店記念セールを33周年にしたのは、長嶋茂雄選手の熱烈なファンである真間(三)

さんがその背番号にちなんでのことである。

7 ２階の自宅用玄関には設置していたが、故障中で今は使われていない。

8 ＷＥＢ金融新聞 大卒初任給の推移
http://www.777money.com/torivia/daisotu_syoninkyu.htm

9 熱海市の観光系および医療系の２校において、週３日12コマを担当。最初は手話の
講義のみだったが、現在では博学を見込まれて一般教養（歴史など）も担当し、手話
通訳付きで講義しているとのこと。

10 過去には聴者のスタッフがいたこともある（開店以来38年間で４人）。その人たちは
多少は手話を覚えたが、スタッフ同士も筆談中心で大変だったらしい。現在、若い
スタッフの１人のコミュニケーション手段はキュード・スピーチ法が中心であるた
め、他のスタッフに通訳してもらい「今、手話を一生懸命勉強中」とのこと。

11 店内のスタッフの聴力レベルには差があるため、より聞こえる人に通訳を頼むよう
である。

12 森崎は、理容店が休日となる月曜になると現れるため、「月曜男」というニックネー
ムを持つ理容師兼手話漫談家として、ろうコミュニティでは広く知られている。静
岡県聴覚障害者情報センターの動画ブログに登場。NHK Eテレにおいても、「見て
笑える芸を―森崎さんの手話漫談―」『ろうを生きる難聴を生きる』に出演 [2015年
10月17日（土）午後８時45分〜９時]。

13 コーダ（child of deaf adults: CODA）と呼ばれ、手話と音声言語とのバイリンガルで
ある人が多い。

14 音を表す手指記号を音声と同時に表出するコミュニケーション方法。日本語の場合、
五つの母音を口形で、子音を手指の形で表す。聴覚口話教育の手段の一つとして、
多くのろう学校で採用されてきた。

第 6 章

全国ろうあ理容連盟（全ろ理連）の軌跡
―世界でも類を見ないろう理容師集団

1. 概説

　第5章で述べたように、口話教育の成果はきわめて限定的な範囲での
み発揮され、店内においても口頭による聴者の客との込み入ったコミュ
ニケーションはろう理容師にとっては無理がある。したがって、さらに
複雑な内容となる理容技術や経営に関する情報の授受を口話で行うこと
は、当然ながら不可能である。こうした状況を自ら打破することを目指
し、ろう理容師たちは手話という少数言語を共有する技術者集団として
社会に対して情報保障を要求する組織を立ち上げた。この組織が全ろ理
連である。

　現在、日本国内において聴覚障害者が結成している全国レベルの職
業集団は少なく、全ろ理連以外の例としては全国聴覚障害教職員協議
会および日本聴覚障害公務員会が挙げられる。また海外に目を転じる
と、Schein(1989:74)によれば、アメリカにはスポーツ、宗教、人
種、セクシュアリティなど様々な属性を有するろう者がそれぞれ全国
組織を結成しその数は 14 におよぶが、その中に理容師による組織はな
く、また他にも一つの職種のみのろう者によって構成される団体は挙
げられていない。ろう者の全米連盟である National Association of the
Deaf（NAD）に問い合わせたところ、アメリカ国内にはろう理容師の組
織は作られていないとのことである。また、ろう者の国際組織 World
Federation of the Deaf（WFD）にも確認したが、WFD の 133 加盟国の

中にろう理容師の団体があるとの情報は得ていないとの回答を得た。したがって、全ろ理連はろう理容師による全国組織として稀有な団体であり、あるいは世界で唯一の存在である可能性もある。しかし知る限りでは全ろ理連に関する研究はこれまでに発表されていない。

　本章では、全ろ理連が発行してきた資料の調査と関係者へのインタビューを通して、その結成の経緯ならびにその後の活動状況を報告する。さらに、社会における「障害」観や「ろう者」観の変遷を念頭に、全ろ理連のメンバーは自身をどう認識してきたのか、また彼らを取り巻く社会は全ろ理連をどのように見てきたのかを分析ならびに考察する。

2. 全国ろうあ理容連盟結成までの流れ

2.1 ろう学校理容科

　第2章5節において紹介した徳島県立盲聾唖学校理髪科（昭和8年(1933)設置）が、日本のろう教育界における理容科の第1号となる。その第1期生（男子6名、女子1名の計7名）は昭和12年(1937)に同校を卒業している。徳島校に続いて、鹿児島校（昭和10年）、熊本校（昭和11年）、宮城校（昭和13年）、名古屋校（昭和13年）、広島校（昭和14年）等、各地のろう学校に次々と理髪科が設置された。

　しかしこうした初期の段階では、卒業生たちがろう理容師の団体を結成することはなかった。その理由としては、戦時下の言論統制により新しい組織を結成することができなかったことも一因ではないかと推定される。当時の状況をうかがい知る例として、大正4年(1915)に創設された聴覚障害者団体の全国組織である日本聾唖協会が昭和17年(1942)に他の団体と統合され、続いて昭和19年(1944)以降活動停止を余儀なくされたケースを挙げることができる[1]。さらに戦時色が濃くなるにつれ、多くのろう学校が疎開を行ったりあるいは勤労奉仕に明け暮れることとなった（高山 1979）。こうした状況下において、ろう学校は卒業生たちの拠点としての機能を果たすことができなくなった。

第6章　全国ろうあ理容連盟（全ろ理連）の軌跡　149

2.2 各地の卒業生によるろう理容師の団体の結成

　戦後、統制が解除されるにともない、各地のろう学校理髪科の卒業生たちはそれぞれの都道府県でろう理容師の団体を立ち上げた。その礎となったのは各ろう学校の同窓会であった。こうした団体の設立時の状況とその後の流れについて、岡山県と静岡県の関係者による手記を引用する。岡山ろう学校の卒業生たちの組織である青鳥理容文化会会長の坂口雅夫は次のように述べている。

　青鳥理容文化会は岡山県立聾学校理容科で学び、理容師として自立を果たした仲間で作る組織です。
　昭和19年4月に理髪科が設置され、昭和22年に初めての卒業生が巣立ちました。
　青鳥理容文化会を昭和25年に6名で設立し、今年で創設63年を数えました。当時は聾者の理容店は県内で皆無で、理容師としての実績が全くない私たちは、お客様にとっても近寄りがたいお店であったと思われます。
　私たちが理容業界に溶け込み、お客様の信頼を得て自立を果たすためには、他のお店に負けない技術の習得・サービス向上・コミュニケーション能力の向上が不可欠と考えました。
　年々会員を増やしながら、共に学び合い・励まし合い・助け合い、そして技を磨きあって年を重ね、固い絆で現在のように全国に誇れるまでに発展してまいりました。
　そして、現在では、会員数125名・店舗数104店が岡山県内外でサービスを提供しています。私たち青年部員を中心に老人施設・養護学校等に訪問し、現在のような発展を果たせたお礼の気持ちを込めて、整髪ボランティアを実践しています。
　社会の状況も年々変化し、理容業界も過当競争で厳しい状況にありますが、研鑽・研修を怠らず、会員一丸となって皆様方にご満足い

> ただけるようなサービスを提供していきたいと、改めて気持ちを引
> き締めています。
> どうかよろしくお願いします。　　　　　　　　（森・齋藤 2013: 320）

　「岡山県青鳥理容文化会」[2]創立（昭和 25 年）以降、「神戸ろう理容研
究会」（昭和 27 年）、「高知県理容組合ろう支部」（昭和 30 年）、「徳島県
聴覚障害者理容剣美会」（昭和 32 年）、「神奈川県立平塚ろう学校同窓会
理友会」（昭和 33 年）らが続々と立ち上げられた。静岡県立沼津ろう学
校の場合、昭和 37 年（1962）に発足した「沼津ろう学校同窓会理容クラ
ブ」が昭和 41 年（1966）に同窓会から独立し、「たちばな会」が設立され
た。設立メンバーの第 1 回卒業生（昭和 36 年）小出卓三によれば、当初
は親睦を主要な目的とした会であったが、次第に技術習得や各種情報提
供・交換の場へと役割を拡げていくようになった。

> 幾年かの修業の後独立開業することができた時、かねて温めていた
> 仲間づくりに着手。藤原義弘、大川洋司、私の 3 人が発起人となり
> 「たちばな会」を立ち上げました。ミカンのことです。
> 当初は同好会のようなもので、海水浴、ハイキング、小旅行、飲み
> 会などささやかなものでした。とは言え FAX も携帯も無い時代で
> したから、連絡は主にバス、自転車、郵便、緊急の場合は家族に電
> 話依頼という形でやっていました。後に FAX、携帯メールが出現
> した時は「これは聴覚障害者のためにある。」と喜んだものです。
> 順次会員も増え、団体としての形も整い、定期総会を手始めに独自
> で講師を迎え、技術講習会、各種教養講座の開催、旅行会、スポー
> ツ交流会、新年会等の企画も出来るようになりました。名称も静岡
> 県聴力障害者理容協会と変わり、東海、関東ろう理容連盟、全国ろ
> う理容連盟に加入することで視野も広がり、他県とのスポーツ大会、
> 技術競技大会、ろう理容師大会等の行事参加交流によって生涯の伴

侶と巡り合った会員も多く居ります。

（静岡県聴力障害者理容協会 2014: 20）

2.3 地域を超えた連携

　それぞれの地域において団体を結成したろう理容師たちは、全国組織の創設を目指すようになった。まず西日本において「全国ろう理容師連合会結成実現」を目標に、県の枠組みを超えた取り組みが始まった。その発案者となった兵庫県ろうあ理容協会の岡本政巳は、以下のような経過を報告している。

　昭和31年2月、近隣県岡山ろうあ学校に理容科があるという話を聞き、兵庫県ろうあ理容協会結成当時の発起人の一人である私は、会の当初の目的としていた"聴覚障害者の会ではあるが、健聴者の研究会と異ならず、会員の互恵精神に基づき技術の研究を進め、会が益々発展、輪を全国に広げ、将来は全国ろう理容師連合会結成実現"これを達成すべく早速母校へ行き、全国ろう学校職員名簿から、岡山ろう学校の住所、理容担当の職員を知り、当時担当の永野克己先生に初めて手紙を出しました。1週間もたたぬ内に岡山校卒業生代表者渡辺吾行君から返事を戴いた時は本当にうれしかった。初めてであったが肉親兄弟の手紙より、うれしく思ったことを覚えています。あの時のことは今でも私の脳裏から消えません。

　（中略）以後2回だけの文通でしたが意見がまとまり、姫路で初の面会と交歓会を持ちました。その後再三にわたりお互いに技術交換の研究会を開いて親睦を計ってきました。そして渡辺君、同じ岡山校卒業の三宅君の協力もあって、当時徳島ろう理容師会会長須貝秀夫氏、愛知県の山田、林正副会長、その他この会を援助してくださる方々の協力もあって「西日本ろうあ理容連盟設立準備委員会」を持ったり「西日本ろうあ理容競技大会」を開いたりしてきました。

（第 2 回全国ろう理容師大会記念誌 1979: 32–33　原文ママ）

　しかし、西日本でのこうした活動は全国レベルの呼び掛けには至らないまま昭和 38 年(1963)を最後に停止してしまった。

　いっぽう、関東では昭和 38–39 年(1963–1964)頃から、東京都の青田一良（故人）と神奈川県の井上健が[3]「ろう理容師の全国的な組織を作る必要がある」という点で意見が一致し、活動を開始した。そのきっかけとなったのは、全国理容生活衛生同業組合連合会（全理連）の技術研修であった。ろう理容師たちは全理連に加入し、会費も支払っているにもかかわらず、研修には手話通訳がついていなかったため、内容が理解できず、このままでは営業上も不利になるとの心配から、全理連と交渉を始めた。井上さんは、当時の状況を次のように語っている。

井上さん：昭和 40 年頃、神奈川県ろう理容師協会の代表をしていた僕は、東京都ろう理容師協会の青田さんと相談して、「ろう理容師の全国的な組織を作る必要がある」という意見で一致した。その理由として、当時ろう者が就業していた職業の中で、大工や縫製とは違って、理容業は法律改正や管理理容師制度の新設など変化が大きいため、情報を得る場所が必要であったという点が挙げられる。
「群馬の舘野弘さんに協力してもらうとよい」とアドバイスされたので、青田さんと僕は群馬のろう学校へいって舘野さんと会った。舘野さんは事故がきっかけで聴力を失くした人で、ろう学校には高等部または専攻科から入学した。そのため、口話は聴者並みで文章力にも優れている。ただ当時は手話はまだうまくなくて、最初に会ったときは、僕たちは手話で舘野さんは黒板に書くという方法で話し合った。話に熱が入ると舘野さんが力を込めて書くので、チョークが何本も折れた。
舘野さんは「資金が集められないので、全国組織を作るなんて無理」

第6章　全国ろうあ理容連盟（全ろ理連）の軌跡　**153**

という考えだった。そこで、僕と青田さんは手分けして関連会社に
資金協力のお願いにまわった。関連会社とは化粧品（シャンプーな
ど）メーカー、理容器具（ハサミなど）メーカーなどいろいろ。あら
かじめ予約をせずにいきなり訪問した。手話通訳派遣制度はまだな
かったので、筆談で交渉した。門前払いの会社もあったが、多くの
会社は話をきいて協力してくれた。2人で集めた資金を舘野さんに
見せた結果、改めて「やってみよう」ということになった。

（井上さんインタビュー、2015.03.21）

　資金の目処がついた時点で、全国組織の結成を呼び掛けるために青田
と井上は西日本各地を歴訪した。井上が昭和40年（1965）に福岡県立小
倉ろう学校理容科を訪問した時の様子を、当時同校に在籍中であった上
田和徳は次のように回想している。

昭和40年、私の九州の福岡県立小倉ろう学校に理容科インターン
生として学んでいたころ、静岡県の井上健氏が当校に訪れましたの
を覚えています。当時の地元はまだ、ろう理美容師の団体は設置し
ていませんでした。井上氏は理容科インターン室で「ろう理容連盟
を結成して全国各位のろう理容師仲間といろいろ学びあい、親睦を
深めていこうではないか」と語っていました。当連盟加入への呼び
かけで岡山県、四国方面、九州各県を廻る途中のようでした。

（全国ろうあ理容連盟創立20周年記念式典誌 1989: 24）

　同様に、青田は昭和42年（1967）に四国、中国、関西方面を視察し、
岡山県青鳥理容文化会の大井会長らと懇談した。前述の岡本の手記にあ
るように、西日本のろう理容師たちも元来全国組織の設立を目指してい
たため、こうした一連の活動の中で全ろ理連結成の機運が盛り上がった。
井上は当時の状況を「明治維新のごとく聾憂士たちが集まり激論を交わ

し大同団結した」と回想している。

3. 全国ろうあ理容連盟設立

昭和43年(1968)9月、藤沢市の弁天屋旅館にて全国ろうあ理容連盟設立準備発起人会が開かれ、ついで昭和44年(1969)10月20日東京都の野口英世記念会館講堂において、全国ろうあ理容連盟設立大会(出席者224名)が開催され、初代理事長には舘野が就任した。

写真13：全国ろうあ理容連盟設立大会　昭和44年10月20日

(第9回全国ろう理容師大会記念誌 2015:52)

連盟設立の必要性に拍車をかけた事情として昭和43年における理容師法改正が挙げられる。同法改正の結果、理容師法第11条の4により理容師である従業者の数が常時2人以上である理容所の開設者は、当該理容所を衛生的に管理させるため、理容所ごとに管理理容師を置かなければならないとされた。このため、すでに国家資格を取得している理容師たちも、厚生大臣(当時)の定める基準に従い都道府県知事が指定した管理理容師資格認定講習会 [公衆衛生(4時間)、理容所の衛生管理(14時間)] の課程を修了する必要性が生じた。ろう理容師たちの多くは同講習会の受講対象となったため、手話通訳なしでは内容が把握できないと危機感を募らせた。全ろ理連結成後、舘野らが関係官庁に働きかけた結果、厚生省(当時)の指示により全理連が手話通訳料を負担する形でろ

う理容師のための講習会が各地で開かれることになった[4]。しかし、当時は手話通訳派遣制度が存在しなかった[5]ため、ろう理容師たちは個人的な伝手を頼って通訳者を探さざるを得なかった。実際には、ろう学校理容科の教師に通訳を依頼したケースが多く、公務員である彼らは通訳料の受け取りを辞退し、ボランティアとして担当したとのことである。

4. 関連団体

　全ろ理連は独立した立場の団体として活動しており、上部組織は持たない。ただしその性格上、次に示す3団体とは深いかかわりを持ち、全国大会においては大会顧問等の役職への就任を依頼したり来賓として招待するなどの形で敬意を表し交流を続けている。

4.1 全国理容生活衛生同業組合連合会（全理連）

　全理連のホームページによれば、同団体は昭和32年（1957）に設立され、「47都道府県理容生活衛生同業組合（理容組合）が加盟する業界唯一の全国団体[6]」であり、現在の会員数は70,000人とのことである。その主要な活動内容は、理容業標準営業約款制度（Sマーク制度）の推進や全国理容組合衛生遵守運動の実施であり、また「全国理容競技大会」の開催や「世界理容美容技術選手権大会」への日本代表選手の派遣も行っている。

　前節で述べたように、全ろ理連結成の大きな動機の一つとして、全理連が開く研修等における情報保障としての手話通訳配備が挙げられているように、全ろ理連の会員の多くは全理連の会員でもある。しかし、全ろ理連は全理連の傘下にあるわけではない。

4.2 全日本ろうあ連盟（全日ろう連）

　全日ろう連は戦前の日本聾唖協会の流れを汲む団体であり、昭和22年（1947）に結成された。そのホームページによれば、全日ろう連とは

「全国47都道府県に傘下団体を擁する全国唯一のろう者の当事者団体[7]」であり、ろう者の人権を尊重し文化水準の向上を図り、その福祉を増進することを目的とする。基本的な取り組みとして、①手話通訳の認知・手話通訳事業の制度化、②聴覚障害を理由とする差別的な処遇の撤廃、③聴覚障害者の社会参加と自立の推進が掲げられている。

　全理連の場合と同様に、全ろ理連の会員の多くは全日ろう連の会員でもあり地域のろう運動を担っている。しかし、全ろ理連は全日ろう連の組織の内部に組み込まれているわけではない。独自の活動を続けている理由として、全ろ理連西島理事長は「全ろ理連として全日ろう連と話し合う機会をもったが、両団体は活動目的や内容が違い、また全日ろう連の行事は土曜・日曜に開かれるので、月曜が定休日の理容師は参加しにくいという実務的な事情もあった」と述べている。

4.3 全国聾学校理容科・美容科研究協議会

　全国聾学校理容科・美容科研究協議会(2013)『聾学校理容科・美容科八十年の歩み』によれば、同協議会の前身は、昭和31年(1956)全国ろう教育研究大会において開設された理容科分科会である。当時、業界誌「理容文化」に福岡大学の吉川義弘教授による「ろう者は理容師として不適性である」との論評が掲載され[8]、これに対してろう学校理容科教師らが強く抗議し結束を固めたことが、翌昭和32年(1957)の同協議会発足につながった。同協議会は「全国聾学校理容科・美容科研究大会」を毎年開催して研究発表や情報交換を行っている。

　また、理容師・美容師法改正(たとえば平成7年の理容師・美容師試験の受験資格の「中卒」から「高卒」への引き上げ)に際しては、同協議会は、ろう学校高等部理容科での教育が継続できるよう関係各庁・団体に要望書を提出するなどの活動も行ってきた。同協議会はろう学校教職員によって構成される組織であるため、基本的には全ろ理連の会員は参加していない。ただし例外として教員や実習助手としてろう学校理容

科に勤務するろう理容師も存在し、彼らの中には全ろ理連と同協議会の両方に加入しているケースもある。

5．全国ろうあ理容連盟の活動経過

　昭和 44 年の設立以降、全ろ理連ではろう理容師の存在を社会にアピールし福祉社会保障制度の実現を要求することを目的とする「全国ろう理容師大会」、理容技術の向上を目指すための「全国ろう理容競技大会」、会員の結束と親睦を深める「野球・ソフトボール大会[9]」を「三大会」と位置付けて活動の柱とした。また、昭和 46 年（1971）から会報「全ろ理タイムズ」をほぼ年 1 回のペースで発行してきた。以下、各大会の実施状況を辿る。

5.1 全国ろう理容師大会

　第 1 回全国ろう理容師大会（以下、全国大会）は、全ろ理連結成後 8 年を経た昭和 52 年（1977）に神奈川県箱根町で開催された。大会宣言においては「完全なる社会福祉制度の実現と聴覚障害者に対する偏見の是正を目標にして平和なる福祉国家の建設に寄与せんことをここに宣言する」と謳われている。第 1–3 回全国大会では、記念式典および講演やアトラクションが行われた（表 2-1）。

　しかし、昭和 56 年（1981）の第 3 回大会以降、全国大会は 20 年にわたって開催されていない。ただ、この期間に全ろ理連の活動が低下していたわけでは決してなく「全国ろう理容競技大会」や各種スポーツ大会は活発に行われていた。また昭和 50–60 年代には会員数は 500 名前後を推移し、会員数の観点からは全ろ理連の最盛期といえよう。平成元年（1989）に岐阜市において開催された創立 20 周年記念式典は、全国大会と合わせてではなく単独の式典として行われた。

　平成 12 年（2000）に新たに理事長に就任した西島伸夫は「会員が一堂に会する」ことの大切さを再認識し、全国大会の再開を呼びかける。こ

うして、平成13年(2001)に20年ぶりの第4回全国大会が開かれる運びとなり、以後2、3年ごとに全国大会が開催されている(表2-2、2-3)。第4回以降の全国大会では、記念式典、講演、アトラクションに加えて技術講習も実施されている。

表2-1：全国ろう理容師大会(第1–3回)(大会宣言・スローガンは原文ママ)

	役員	大会宣言	スローガン
第1回 [1977/05/16] 275名参加 神奈川県 箱根町 大会会長： 河原耕三 実行委員長： 清田蜜男	名誉顧問： 厚生大臣 渡辺美智雄 神奈川県知事 長洲一二 他 顧問： 全国聾学校理容 科・美容科研究 協議会会長 他	第1回全国ろう理容師大会にあたり、我々全国の聴覚障害理容師は、緊密なる連携のもとにますます組織の強化と団結を図り、相互の協力と親睦を通して自らの障害を克服し、我が国の完全なる社会福祉制度の実現と聴覚障害者に対する偏見の是正を目標にして平和なる福祉国家の建設に寄与せんことをここに宣言する。	● 管理理容師資格認定講習会の手話通訳者費用を負担せよ。 ● 各県理容組合費の無料化と組合より年度毎助成金を。 ● 全理連傘下の各県組合内にろうあ支部の設置。 ● ろう理容師の生活権を確保せよ。 ● 聴覚障害者であり、理容師としての現実に対する完全なる福祉社会保障制度の早期実現を要求する。
第2回 (創立10周年 記念祝典) [1979/05/21] 250名参加 岡山市 大会委員長： 河原耕三 大会副委員長： 清田蜜男 井上健	名誉顧問： 厚生大臣 橋本龍太郎 岡山県知事 長野士郎 他 顧問： 全国聾学校理容 科・美容科研究 協議会会長 他	第2回全国ろう理容師大会にあたり、我々全国の聴覚障害理容師は、緊密なる連携のもとにますます組織の強化と団結を図り、相互の協力と親睦を通して自らの障害を克服し、我が国の完全なる社会福祉制度の実現と聴覚障害者に対する偏見の是正を目標にして平和なる福祉国家の建設に寄与せんことをここに宣言する。	1. 管理理容師資格認定講習会の手話通訳者の費用を公費負担せよ!! 1. 各県理容組合は、聴覚障害者理容師団体の助成強化を図れ!! 1. 聴覚障害理容師の生活権を確保せよ!! 1. 聴覚障害者であり、理容師としての現実に対する完全なる福祉社会保障制度の早期実現を要求する!! 1. 全国聴覚障害者理容会館の早期建設を!! 1. 未加盟団体を解消し、会員組織の強化につとめよ!! 1. ろう理容師の育成につとめよ!! 1. 技能検定制度反対!!
第3回 [1981/05/18] 134名参加 秋田市 大会会長： 河原耕三 実行委員長： 野尻弘	名誉顧問： 厚生大臣 園田直 秋田県知事 佐々木喜久治 他 顧問： 全国聾学校理容 科・美容科研究 協議会会長 他	第3回全国ろう理容師大会にあたり、我々全国の聴覚障害理容師は、緊密なる連携のもとにますます組織の強化と団結を図り、相互の協力と親睦を通して自らの障害を克服し、我が国の完全なる社会福祉制度の実現と聴覚障害者に対する偏見の是正を目標にして平和なる福祉国家の建設に寄与せんことをここに宣言する。	(1) 管理理容師資格認定講習会の手話通訳者を常に設置せよ!! (2) 各県理容組合は聴覚障害者理容師団体の助成強化を図れ!! (3) 全国聴覚障害者理容会館の早期建設を!! (4) 未加盟団体を解消し、会員組織の強化を図り三大会を充実しよう!!

表2-2：全国ろう理容師大会(第4–6回)(大会宣言・スローガンは原文ママ)

	開催目的	大会宣言	スローガン
第4回 [2001/09/17] 113名参加 名古屋市 大会会長： 西島伸夫	この大会は全国のろう理容師が一堂に会し、理容業界の共通する問題と社会福祉について研究協議し、ろう理容師の生活と権	第4回全国ろう理容師大会は、昭和56年の秋田大会以来20年ぶり、名古屋市において再開いたしました。理容業界では、現在業務独占の撤廃問題、理容とアウト店との競争激化の不安、経営の高齢化と後継者の減少などの状況が厳しくなっております。私たちのろう理容師も一般以上に厳しく影響されているし、耳の聞こえない障害を持つ私たちの理容師にとりましては、社会的参加も制限されております。	● 会員拡大と団結の強化をひろめよう! ● 全理連へ毎度毎に補助金交付を!

	開催目的	大会宣言	スローガン
	利が保障される豊かな社会の実現を図ることを目的とする。	本大会にあたり、我々全国のろう理容師は全国ろうあ理容連盟の目的を連携し、組織の強化と団結を図り、会員相互の協力と親睦を通じて、自らの障害を克服し、社会的参加保障と社会福祉の増進を求めていくことをここに宣言します。	
第5回 [2005/09/12] 89名参加 神戸市 大会会長： 　西島伸夫 実行委員長： 　松永英次	全国のろう理容師が一堂に会し、理容業界の共通する問題と社会福祉について研究協議し、ろう理容師の生活と権利が保障される豊かな社会の実現を図ることを目的とする。	第5回全国ろう理容師大会にあたり、全国の聴覚障害理容師が一堂に会し、友情の輪を一増広げて頂き、団結を図り、会員相互を通じて21世紀社会に対応する為、個人の力はもとより皆さんの力を合わせた行動力が必要なのです。今後の組合と支部員一人一人の個性を生かし、個人の力が主体となることを生活安定と福祉の充実した理容産業となることを希望します。	● 会員拡大と団結の強化をひろめよう！ ● 全理連へ毎度毎度に補助金交付を！
第6回 [2007/11/19] 131名参加 三島市 大会会長： 　西島伸夫 実行委員長： 　大川みゆき	全国のろう理容師が一堂に会し、理容業界の共通する問題と社会福祉について研究協議し、ろう理容師の生活と権利が保障される豊かな社会の実現を図ることを目的とする。	第6回全国ろう理容師大会にあたり、理容業界では、組合店とアウト店との競争激化の不安、顧客減少による経営の不安、経営者の高齢化と後継者の減少の状況が厳しくなっております。私たちのろう理容師も一般以上に厳しく影響を受けておりますし、耳の聞こえない障害を持つ私たちの理容師にとりましては、社会的参加も制限されております。本大会にあたり、我々全国のろう理容師は全国ろうあ理容連盟の目的を連携し、組織の強化と団結を図り、会員相互の協力と親睦を通じて、自らの障害を克服し、社会的参加保障と社会福祉の増進を求めていくことをここに宣言します。	● 会員拡大と団結の強化をひろめよう！ ● 全理連へ毎年毎年に補助金交付を！

表2-3：全国ろう理容師大会(第7–9回)（大会宣言・スローガンは原文ママ）

	開催目的	大会宣言	スローガン
第7回 [2011/09/19] 97名参加 京都市 大会会長： 実行委員長： 　西島伸夫	全国のろう理容師が一堂に会し、理容業界の共通する問題と社会福祉について研究協議し、ろう理容師の生活と権利が保障される豊かな社会の実現を図ることを目的とする。	第7回全国ろう理容師大会にあたり、理容業界では、組合店とアウト店との競争激化の不安、顧客減少による経営の不安、経営者の高齢化と後継者の減少などの状況が厳しくなっております。私たちのろう理容師も一般以上に厳しく影響を受けておりますし、耳の聞こえない障害を持つ私たちの理容師にとりましては、社会的参加も制限されております。本大会にあたり、我々全国のろう理容師は全国ろうあ理容連盟の目的を連携し、組織の強化と団結を図り、会員相互の協力と親睦を通じて、自らの障害を克服し、社会的参加保障と社会福祉の増進を求めていくことをここに宣言します。	● 会員拡大と団結の強化を広めよう！ ● 会員の健康に自立管理に努めよう！ ● あらゆる大会などに手話通訳者派遣の無料化を求めよう！
第8回 [2013/09/16] 178名参加 横浜市 大会会長： 　西島伸夫 実行委員長： 　瀧澤雄介	全国のろう理容師が一堂に会し、理容業界の共通する問題と社会福祉について研究協議し、ろう理容師の生活と権利が保障される豊かな社会の実現を図ることを目的とする。	第8回全国ろう理容師大会にあたり、理容業界では、低料金の非組合店との競争激化の不安、顧客減少による経営の不安、経営者の高齢化と後継者の減少の状況が厳しくなっております。私たちのろう理容師も一般以上に厳しく影響を受けておりますし、耳の聞こえない障害を持つ私たちの理容師にとりましては、社会的参加も制限されております。本大会にあたり、我々全国のろう理容師は全国ろうあ理容連盟の目的を連携し、組織の強化と団結を図り、会員相互の協力と親睦を通じて、自らの障害を克服し、社会的参加保障と社会福祉の増進を求めていくことをここに宣言します。	● 会員拡大と団結の強化を広めよう！ ● 自らの健康管理に気をつけよう！ ● あらゆる大会などに手話通訳者派遣の無料化を求めよう！
第9回 [2015/09/21] 65名参加 神戸市 大会会長： 　西島伸夫 実行委員長： 　松永英次	全国のろう理容師が一堂に会し、理容業界の共通する問題と社会福祉について研究協議し、ろう理容師の生活と権利が保障される豊かな社会の実現を図ることを目的とする。	第9回全国ろう理容師大会にあたり、理容業界では、低料金の非組合店との競争激化の不安、顧客減少による経営の不安、経営者の高齢化と後継者の減少などの状況が厳しくなっております。私たちのろう理容師も一般以上に厳しく影響を受けており、耳の聞こえない障害を持つ私たちの理容師におきましては、社会的参加も制限されております。本大会にあたり、我々全国のろう理容師は全国ろうあ理容連盟と連携し、組織の強化と団結を図り、会員相互の協力と親睦を通じて、社会的参加保障と社会福祉の増進を求めていくことをここに宣言します。	● 会員拡大と団結の強化をひろめよう！ ● 自らの健康管理に気をつけよう！ ● あらゆる大会などの手話通訳者派遣の無料化を求めよう！ ● 手話は言語であることを認めよう！

また、全ろ理連では 10 年を節目に創立記念式典を開催している。創立 10 周年記念式典は昭和 54 年(1979)、第 2 回全国ろう理容師大会と同時に実施された。創立 20 周年記念式典は平成元年(1989)に開かれ、また平成 21 年(2009)には、創立 40 周年記念大会が行われた。次表に創立 20 周年記念式典および創立 40 周年記念大会の概略を示す。

表 3：創立 20 周年記念式典および創立 40 周年記念大会(開催目的は原文ママ)

	開催目的（開催要綱より）
創立 20 周年記念式典 [1989/11/20] 岐阜県岐阜市 大会会長： 　清田蜜男	式典開催は、昭和 44 年（1969 年）10 月設立以来数えると 20 回目になります。健全な環境衛生向上と職業的安定生活、高度の情報文化社会である一般社会参加する為と、全国の聴覚障害理容師（者）の理解をふかくひろめて相互の理解と、コミュニケーションの円滑化を図り、積極的に自主活動を促進していきたいと考えます。つきましては、全国に居住する聴覚障害理容師（者）の多数参加を強く求めて開催します。
創立 40 周年記念大会 [2009/09/21] 静岡県三島市 大会会長： 　西島伸夫 副実行委員長： 　大川みゆき	全国のろう理容協会が団結して、昭和 44 年 10 月 20 日、創立した『全国ろうあ理容連盟』の 40 年の歴史と共に全国ろう理容師が一堂に会し、理容業界の共通する問題と社会福祉について研究協議し、ろう理容師の生活と権利が保障される豊かな社会の実現を図ることを目的とする。

5.2 全国ろう理容競技大会

　全国ろう理容競技大会(以下、競技大会)は、昭和 47 年(1972)の第 1 回から平成 14 年(2002)の第 15 回大会まで、2 年に 1 回のペースを基本に開催されてきた。各地域の予選を勝ち抜いた優れた技術を持つ会員がそれぞれ得意部門別に腕を競い、審査には全ろ理連のベテラン技術者に加えて、全理連から派遣された優秀な聴者の技術者も加わった。優勝者には大会名誉総裁を務める厚生大臣(第 15 回は厚生労働大臣)からの「厚生大臣杯」が授与された。第 2 回以降は都道府県対抗の団体戦も行われた。その開催趣旨は以下の通りである。

　この大会は、全国ろう理容師の多数の参加を求めて、競技に依る技術と経験と交流、相互の研鑽と親睦を図り、新技術の導入と公衆衛生の向上につとめるとともに、一般の方々にろう理容師の存在と自

第 6 章　全国ろうあ理容連盟（全ろ理連）の軌跡　161

> 立更生の実をあげ、社会に寄与している姿を広く理解していただくことを目的として開催する。（第 1-15 回全国ろう理容競技大会誌）

　全理連でも「全国理容競技大会」を開催しており、ろう理容師たちもこの大会の地区予選に出場している。しかしこの大会は聴者の理容師のみの参加を想定しているため、「あと 3 分」、「あと 1 分」といった注意喚起の声が聞こえないろう理容師たちは、どうしても遅れを取る。全ろ理連の競技大会では、音が聞こえなくても振動を体で感知できる大太鼓を用いた合図を取り入れることで、この問題を解消した。

写真 14：第 15 回全国ろう理容競技大会

（第 9 回全国ろう理容師大会記念誌 2015: 57）

表 4：全国ろう理容競技大会

（第 1-15 回全国ろう理容競技大会誌より）

回	年月日	開催地	部門
1	1972/08/22	岡山県岡山市	ミディアムアイロン仕上げ　長髪によるフリースタイル　ブロース
2	1974/09/16	東京都渋谷区	ミディアムアイロン仕上げ　ロングヘアースタイル　ブロース
3	1976/09/20	愛知県名古屋市	ブロース　レディスカット　ミ・ロン
4	1978/09/18	兵庫県神戸市	ファッションヘア・ブロース　エレガントヘア・レディスカット　パルレ・バリエーション　バックスタイル基本（ロット巻き）
5	1980/10/20	神奈川県平塚市	ファッションヘア・ブロース　エレガントヘア・レディスカット　四季バリエーション　バックスタイル基本（ロット巻き）
6	1982/11/15	東京都港区	クラシカルバックスタイルアイロン仕上げ　エレガントヘア・レディスカット　DO・バリエーション　フリースタイル・ワインディング

7	1984/09/17	岡山県岡山市	クラシカルバックスタイルアイロン仕上げ エレガントヘア・レディスカット マインド・バリエーション パンチアイロン フリースタイル・ワインディング
8	[1986/10/20]	静岡県静岡市	ミディアムアイロン仕上げ 82 クロスピア・バリエーション アイロンカール フリースタイル・ワインディング
9	[1988/09/19]	東京都港区	ベーシックアイアニング レディスカット フリースタイル アイロンカール ファッションブロース ワインディング
10	[1990/09/17]	東京都港区	ベーシックアイアニング レディスカット アイロンカール フリースタイル ファッションブロース ワインディング
11	[1992/09/21]	徳島県徳島市	ベーシックアイアニング レディスカット フリースタイル アイロンカール ファッションブロース メンズストレートドライヤーセット ワインディング
12	[1994/09/19]	神奈川県横浜市	フォーマルカット＆アイアニング レディスカット メンズフリースタイル アイロンカール メンズストレートドライヤーセット ワインディング
13	[1996/11/18]	大阪府大阪市	フォーマルカット＆アイアニング レディスカット メンズフリースタイル アイロンカール ブロースカットヘア メンズストレートドライヤーセット ワインディング
14	[1999/09/20]	大阪府大阪市	レディスカットヘア エレガントヘア・レディスカット ブロースカット メンズストレートドライヤーセット ワインディング
15	[2002/09/16]	東京都港区	メンズフリースタイル レディスカットヘア ブロースカットヘア クラシカルカットドライヤーセット メンズフリードライヤーセット

　平成 14 年（2002）の第 15 回競技会終了後、全ろ理連理事会は、参加者減少と景気後退に伴う地方自治体や企業からの後援・協賛金の縮小による資金難を理由に、競技会の休止を決定した。以後、現在に至るまで再開はなされていない。

5.3 野球・ソフトボール大会等

　ろう理容師の中にはろう学校野球部出身者が多い [10]。全ろ理連では、昭和 49 年（1974）から平成 5 年（1993）までの間に野球大会を 20 回開催し、各府県のチームが出場し熱戦を繰り広げた。最盛期の昭和 55 年（1980）には、9 チーム（熊本・神奈川・東京・福岡・兵庫・岐阜・愛媛・静岡・岡山）が参加し、静岡チームが優勝した。その後、ソフトボール大会も並行して開催され、ボウリング、ゴルフ、ソフトバレーボール等が続いた。近年はメンバーの高齢化等により、野球とソフトボール大会は実施されていない。

第 6 章　全国ろうあ理容連盟（全ろ理連）の軌跡　163

写真 15：第 7 回野球大会＆第 2 回ソフトボール大会

(第 9 回全国ろう理容師大会記念誌 2015: 54)

表 5：全ろ理連主催のスポーツ大会（平成 26 年まで）

(第 9 回全国ろう理容師大会記念誌 2015: 36–51 より)

大会名	実施年	実施回数
全国ろう理容師野球大会	昭和 49 年（1974）― 平成 5 年（1993）	20
全国ろう理容師ソフトボール大会	昭和 54 年（1979）― 平成 17 年（2005）	26
全国ろう理容師親睦ボウリング大会	平成 5 年（1993）― 継続中	20
全国ろう理容師親睦ゴルフ大会	平成 9 年（1997）― 継続中	18
全国ろう理容師親睦ソフトバレーボール大会	平成 18 年（2006）― 継続中	8

5.4 全国ろうあ理容連盟の活動時期と現況

全ろ理連歴代理事長を表 6 にまとめる。

表 6：全ろ理連歴代連盟長・理事長一覧

(第 9 回全国ろう理容師大会記念誌 2015: 31 より)

歴代	氏名（所属）	就任期間
初代連盟長＊	舘野 弘（群馬）＜代行連盟長　青田 一良＞	昭和 44 年 10 月 20 日 ― 昭和 46 年 6 月 7 日
2 代連盟長	青田 一良（東京）	昭和 46 年 6 月 8 日 ― 昭和 48 年 4 月 22 日
3 代理事長	河原 耕三（岡山）	昭和 48 年 4 月 23 日 ― 昭和 60 年 3 月 17 日
4 代理事長	清田 蜜男（神奈川）	昭和 60 年 3 月 18 日 ― 平成 3 年 3 月 17 日
5 代理事長	山田 文男（岐阜）	平成 3 年 3 月 18 日 ― 平成 7 年 6 月 18 日
6 代理事長	井上 賢治（岡山）	平成 7 年 6 月 19 日 ― 平成 9 年 6 月 15 日
7 代理事長	福本 修始（岡山）	平成 3 年 6 月 16 日 ― 平成 12 年 6 月 18 日
8 代理事長	西島 伸夫（静岡）	平成 12 年 6 月 19 日 ―

＊：昭和 47 年 1 月 2 日付、連盟長・代行連盟長の名称廃止。

上記の「三大会」の軌跡などに基づくと、全ろ理連のこれまでの活動
は、次に示す三つの時期に分類できるのではないか。

|（第1期）：昭和44年（1969）設立から昭和56年（1981）第3回全国大会
まで|

　全ろ理連の黎明期ともいえるこの時期においては、設立時の熱気がそ
のまま保持され、また日本経済の高度成長期と重なり意気軒昂な活動が
行われていた。第1回全国ろう理容師大会における挨拶の中で、当時の
連盟理事長河原耕三は、設立以来の活動状況と今後の課題とを次のよう
に報告している。

本連盟では、昭和四十四年の秋に結成設立してより、八周年を迎え
ることになりますが、その間、さまざまな不利な条件を一歩一歩、
克服しつつ、全国のろう理容師の声なき声を具現すべく努力を重ね
て参りましたが、今だに期待に答えるまでには行っていなく、今後
の進むべき岐路の試練にたっていることは事実でありましょう。（中
略）
現在までに主に行った事業は、管理理容師資格認定講習会に於け
る、各県ろう理容師のみの受講（手話通訳者付き）、全国ろう理容
競技大会（三回）、全国ろう理容師野球大会（三回）、そして、本日の
全国ろう理容師大会であるわけでありますが、現在の重要懸案とし
ては、組織の強化確立と会員の増加推進、幹部の育成、講師資格認
定基準案の早期実施、管理理容師資格認定講習会の手話通訳者報酬
制度、競技大会の内容充実など、数々の大きな役割が残されており、
これらの問題点を対応して処置しなければならないことは周知のと
おりであります。　　（第1回全国ろう理容師大会記念誌 1977: 6–7）

この時期における全国大会は、厚生大臣(当時)らを大会名誉顧問に迎え、幅広い関係官庁ならびに企業から後援や協賛を得て開催されている(表2-1参照)。さらに大会誌には地元の企業や団体と並んで、新自由クラブ、自由民主党、民社党、日本共産党といった各政党の地方議員団らによる祝賀広告が掲載され、当時の全ろ理連の人脈の広さがうかがえる。その大会宣言には「我が国の完全なる社会福祉制度の実現と聴覚障害者に対する偏見の是正を目標にして平和なる福祉国家の建設に寄与せんことをここに宣言する」と謳われ、社会に向けて広い視野からの活発なアピールがなされている。さらに、競技大会や野球大会にも多くの会員が出場している(表4および5参照)。

| (第2期):昭和56年(1981)から平成12年(2000)まで |

この20年間には、平成元年(1989)に開催された創立20周年式典を除いて全国大会は開催されていない。ただし、全ろ理連の活動が低下していたわけではない。後述の図9からもわかるように、昭和50−60年代には、会員数が高レベルで推移している。また、この期間には競技大会への出場者も多く(表4参照)、さらには野球に加えて各種スポーツの大会も始まっている(表5参照)。

全ろ理連の理事長以下各役員のほとんどは、それぞれが自身の理容店の経営者である。彼らは理容師としての業務をこなすかたわら連盟の諸行事を開催するという、多忙きわまる日々を送ったようである。そうした状況を、昭和48年から12年間にわたって理事長を務めた河原耕三による「追想」からうかがい知ることができる。

私は初代連盟長舘野弘氏のもと、副連盟長を2年、更に二代連盟長(当年より理事長に改称)青田一良氏で同じく2年、昭和48年4月に浅学菲才を顧みず理事長に就任して以来、昭和60年3月までの

> 間に六選し、全国の多くの俊英たちのご協力を得て曲りなりにも理事長を務めさせて頂きましたことを心から謝意を申し上げるものである。その間の忘れ得ぬ喜怒哀楽の数々の思い出を振り返りみると自分事で恐縮ながらよくぞ頑張ってきたものだと自負している。三大会(競技大会・理容師大会・野球／ソフトボール大会)の主管要請のためや、各地の総会に単身で、東奔西走した思い出は生涯忘れ去ることはできない。　　　(全国ろうあ理容連盟創立20周年記念式典誌 1989: 23)

　また、この時期には日本社会全体が好景気であったため、関連企業等から全ろ理連が開催する競技大会や各種スポーツの大会への協賛金を得ることが可能であった。河原の後継者として昭和60年から第4代理事長を担当した清田さんは、単身で企業を訪問し筆談等を用いて協力を依頼した思い出を、次のように語っている。

> **清田さん:** (全ろ理連の大会や競技会など準備のため)東京の会社にも、お願いに行った。地方の役員達は、「東京は遠いから無理…」と言うので、僕が1人で行った。手話が通じないから、一生けんめい。いろいろあった。資料を見せて協力をお願いすると、「わかった、わかった」と言ってもらえた。
>
> **筆者:** お願いって、なんのお願いですか?
>
> **清田さん:** たとえば、Ｔ社。本社は横浜。偉い人に会って、相談した。業界の会長、連盟の会長とか。名刺を渡すと、「おお、凄い」ということで、話を聞いてもらえた。相手は、(全ろ理連の)内容を知らないので「今度、東京で競技会をやります」などと説明し、協力をお願いした。1人で行って、筆談で交渉することにも、だんだん慣れた。最初は状況がわからないので、受付でいろいろ聞いた。
>
> **筆者:** 受付では、口話?　筆談ですか?
>
> **清田さん:** 筆談。名刺を見てもらえば、ろう者だとわかるから。全

ろ理連の役員、平塚の会長と（名刺に）書いてあるから。受付の人が
電話してくれて、「大丈夫です」と言って、偉い人の部屋に通され
る。　　　　　　　　　　　　　　（清田さんインタビュー、2015.07.06）

　この期間の全ろ理連は、人脈拡張による交流や社会への要請といった
外部への働きかけから、技術の向上と会員の親睦を通じた内的充実へと
路線を変更したように見え、こうした諸行事を支えたのは上に引用する
ような役員達の奮闘であった。

| （第三期）：平成 12 年（2000）から |

　平成 12 年（2000）に新たに理事長に就任した西島さんは、自身が全日
ろう連の全国大会に出席したことをきっかけに「会員が一堂に会する」
ことの大切さを再認識し、理事会の中で全国大会の再開を呼びかける。

西島さん：昭和 56 年以降、大会が開かれていなかった 20 年間も、
全ろ理連が活動していなかったわけではなく、技術コンテストやス
ポーツ大会（野球、ソフトボール、ボーリング、ゴルフなど）が全国
で開かれていて、交流と親睦を深めていました。僕が理事長になり、
たまたま全日ろう連の大会に参加した時に、「やはり交流の場とし
ての大会が必要だ」と感じて役員会に提案しました。「仲間の発表」、
「技術講習」、「懇親会」といった内容が役員会で承認され、平成 13
年に名古屋で第 4 回全国ろう理容師大会を開いたというわけです。
　　　　　　　　　　　　　　（西島さんインタビュー、2015.03.09）

　こうして、開かれた平成 13 年（2001）の第 4 回全国大会の大会宣言で
は「理容業界では、現在業務独占の撤廃問題、理容とアウト店 [11] との
競争激化の不安、経営者の高齢化と後継者の減少などの状況が厳しく

なっております。私たちのろう理容師も一般以上に厳しく影響されているし、耳の聞こえない障害を持つ私たちの理容師にとりましては、社会的参加も制限されております(原文ママ)」と、現在の問題点が具体的に掲げられたうえで、「我々全国のろう理容師は全国ろうあ理容連盟の目的を連携し、組織の強化と団結を図り、会員相互の協力と親睦を通じて、自らの障害を克服し、社会的参加保障と社会福祉の増進を求めていくことをここに宣言します」と連帯が呼び掛けられており(第4回全国ろう理容師大会記念誌、7ページ)、前述の第3回全国大会までの大会宣言とは、かなりトーンが異なっている。また、表2-1に示すように、第1-3回全国大会においては、大会役員である名誉顧問・顧問として厚生大臣や開催地域の知事や市町長ならびに関係各団体の役員が名を連ねていた。これに替わり、第4回大会以降は、大会役員は連盟内のメンバーのみが担当し、市長や関係各団体の役員は来賓として招待されている(表2-2および2-3参照)。

さらに、会員の高齢化に伴い、スポーツ大会も野球やソフトボールから、負担の軽い競技へと変わっている(表5参照)。

この時期の大きな特徴として、会員数の減少が挙げられる。全国大会のスローガンにも、毎回「会員拡大と団結の強化をひろめよう!」と謳われるが、会員数の変遷は図6に示すとおりである。西島理事長は、若い世代のろう者の理容師ばなれについて、以下のように話している。

> **西島さん**:昭和50年代の全ろ理連の最盛期には、会員と非会員とを合わせると、1,000人近くのイベント参加者がありました。また、多くの都道府県にも団体(支部)がありました。今は、ずいぶん減ってしまいましたね。昔は人数が多く、また若い人が沢山いたので、技術コンテストやスポーツ大会も盛り上がって楽しかったのですが。
>
> **筆者**:会員が減った原因は何でしょう?

西島さん：理容師になろうとする若い人が減りました。理容師は修業が必要で就労時間が長いなど、自由がないイメージがあるので、今の若い人は嫌がります。また、親も「自分で開店するのは不安」という考えから、会社勤めを勧めるようです。価格自由化の影響でライバル店が増え、新規開店が難しいのも事実です。それに理容師は他の仕事と休日が違うので、友達と遊びにくいのも理由の一つです。全ろ理連にも、若い人が入ってきません。静岡では、若手はゼロで50歳以上ばかりです。全国的にも同じ状況ですね。お客様が減ったことや高齢化のため、閉店する人も多くなりました。

（西島さんインタビュー、2015.03.09）

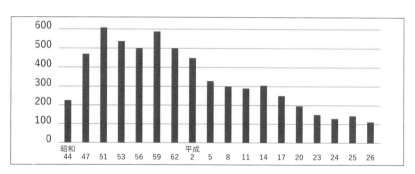

図9：全ろ理連会員数変遷（単位：名）

（第9回全国ろう理容師大会記念誌 2015: 34 より）

　平成26年(2014)の会員数は112名であり、図9から明らかなように、ピーク時(昭和51年：608名)の6分の1近くまで激減している。その理由として、以下が挙げられる。

　まず、理容業界全体の流れとして、閉店や廃業が増えている。全国生活衛生営業指導センター「生活衛生営業ハンドブック―2014年版―」によれば、理容所数は昭和50年から平成12年度まで14万～14万5千

施設を維持していたが、平成 10 年度には減少し始め、平成 16 年度に 14 万施設を下回り、以降は減少率も増大し、平成 26 年には 12 万 6 千施設となっている。また個人経営者の高齢化が進み、免許取得者数の減少ともあいまって後継者問題も深刻である。さらには、客数・客単価の減少や競合店の進出、若者のヘアスタイルの多様化による理容店離れや新たな低価格チェーン店の出現等で、厳しい経営環境が続いている。

　いっぽう、ろう理容師に特有の状況として、西島さんの語りにあるようにろう学校理容科に在籍する生徒の激減が挙げられ、その要因としては第 2 章 5 節で説明した身体障害者雇用促進法の改正、ろう学校在籍生徒数自体の減少、大学進学率の上昇、IT 機器の進歩による情報処理関係の学科の創設による進学先の変化等が挙げられる。

　このように現時点における全ろ理連は新規会員の減少と現会員の高齢化に直面しており、現状の諸問題の解決と将来に向けた活動継続を展望するために路線を再考する時期に来ているように見える。

6. まとめと考察

　次に、第 2 章において紹介した医学モデル、社会モデル、文化言語モデル、集団モデル、集団社会モデルの枠組みを用いて、全ろ理連について考察する。

6.1 全国ろうあ理容連盟外部からの捉え方─医学モデルの視点から

　初期における全国ろう理容師大会誌に掲載された聴者である来賓からの祝辞の中に頻出するのは、「障害の克服」ならびにそれに類する表現である。昭和 52 年（1977）開催の第 1 回全国大会誌のみを例にとっても、次のような祝辞が載せられている（いずれも下線引用者、以下同様）。「ここにご参集の皆様方は、聴覚・言語の障害を立派に克服し、理容師として社会の第一線でご活躍されているのであります」（厚生省環境衛生局長　松浦十四郎）、「当町は、国の内外から年間約 1500 万人の観光

客が訪れてまいりますが、それらの人々を受け入れる陣容の中に、皆様と同様、お体の不自由な方々が、多数針、きゅう、マッサージなどの仕事を持ち、尋常の人間以上のことを成しとげておられます」（箱根町長　勝俣茂）、「全国のろう学校出身の理容師の方々が、障害を克服して、全国理容業界の中で、堂々とその力量を発揮され自分の店舗を持ち、経営者として、あるいは技術者として、経済的にも社会的にも立派に自立して活躍されている多くの例を見、聞きするときに、ろう学校理容師養成施設を預かる者として誠に喜ばしく、ご同慶の至りに存じております」（全国ろう学校理美容科研究協議会会長　神奈川県立平塚ろう学校長　芹沢秀夫）、「皆様が聴覚障害のハンディキャップを克服され立派な技術を身に付けられしかも業界人として全国の組織を持って(中略)誠にご同慶にたえません」（神奈川県理容環境衛生同業組合平塚支部長　小池晴二郎）。

　これらの祝辞はすべて聴者の来賓によるものである。当然ながら、ろう理容師たちは「聞こえない」状態を持続している。したがって、ここで述べられている克服された「障害」とは「インペアメント＝耳が聞こえない、話せないこと」ではなく、「ディスアビリティ＝手話話者であるため社会の多数を占める音声言語話者とコミュニケーションできないこと」である。これらの祝辞の中では、ろう理容師たちは障害を有するにもかかわらず、自らの努力によって聴者と対等の地位に就いたとして称賛されているのであり、彼らにディスアビリティを課している社会については何ら言及がなされていない。すなわち、これらの言説には、障害を個人に帰するものとし、自身の精進と専門家による訓練を経て可能な限り聴者に近い社会的立場を獲得することを目指す医学モデルの考え方が色濃く反映されている。

　ただし、こうした「障害の克服」という視点からの表現は時代と共に姿を消しつつある。たとえば、平成25年(2013)の第8回大会における来賓祝辞では「ろう理容師の皆様には、日ごろから理容技術やコミュニ

ケーション力の向上に努めながら、各地域において精力的にお仕事に励まれていることに対し深く敬意を表します」(神奈川県知事　黒岩祐治)、「皆様の長年にわたる活動は、ろうあ理容師の社会的地位向上の実現にとどまらず、障害のある方たちの自立を社会参加を牽引し、社会全体の福祉の増進を実現する、大変重要な取り組みであると理解しています」(神奈川県立平塚ろう学校長　伊藤大郎)といった個人的努力の賛美にとどまらず社会全体を視野に入れた言説が述べられている。

　さらに時代が経過した平成27年(2015)に開催された第9回大会での来賓祝辞では、久元喜造神戸市長は同年に神戸市で施行された手話言語条例にも言及し、「<u>ろう理容師の皆様が、コミュニケーションのとりづらさからくる様々なご苦労に直面</u>しながら、それを乗り越え、日々の衛生管理や流行のファッションなど、幅広い知識と技術の研鑽に励まれ豊かな社会づくりに寄与されていることに心より敬意を表します」と述べている。ここでは、「障害」や「ハンディキャップ」といったろう理容師の側が一方的に「克服」すべき属性ではなく、双方向性を有する「コミュニケーションのとりづらさ」が問題点として挙げられている。久元市長の祝辞を、先に掲げた初期の祝辞にみられる医学モデルの視点に立つ表現と比較すると、ろう理容師に向けられる視線の変化を感じ取ることができる。

6.2 全国ろうあ理容連盟内での捉え方
　　―社会モデル・文化言語モデルの視点から

　前節でのべた「障害の克服」との表現は、ろう理容師たち自身にもしばしば用いられている。その例として、昭和52年(1977)に全ろ理連主催で開かれた第1回の全国ろう理容師大会における大会宣言を提示する。

　第1回全国ろう理容師大会にあたり、我々全国の聴覚障害理容師は、緊密なる連携のもとにますます組織の強化と団結を図り、相互

> の協力と親睦を通して<u>自らの障害を克服し、我が国の完全なる社会福祉制度の実現と聴覚障害者に対する偏見の是正を目標にして</u>平和なる福祉国家の建設に寄与せんことをここに宣言する。
>
> 　　　　　　（第1回全国ろう理容師大会記念誌 1977: 4, 下線引用者）

　その後、第2回大会（昭和54年）、第3回大会（昭和56年）においても上記とほぼ同一の大会宣言がなされており、「自らの障害を克服し、我が国の完全なる社会福祉制度の実現と聴覚障害者に対する偏見の是正を目標にして」との下線部の表現が、そのまま受け継がれている。また、20年のブランクを経て再開された第4回大会（平成13年）においては、以下の大会宣言が出されている。

> 　第4回全国ろう理容師大会は、昭和56年の秋田大会以来20年ぶり、名古屋市において再開いたしました。
>
> 　理容業界では、現在業務独占の撤廃問題、理容とアウト店との競争激化の不安、経営者の高齢化と後継者の減少などの状況が厳しくなっております。私たちのろう理容師も一般以上に厳しく影響されているし、<u>耳の聞こえない障害を持つ私たちの理容師にとりましては、社会的参加も制限されております。</u>
>
> 　本大会にあたり、我々全国のろう理容師は全国ろうあ理容連盟の目的を連携し、組織の強化と団結を図り、会員相互の協力と親睦を通じて、<u>自らの障害を克服し、社会的参加保障と社会福祉の増進を求めていくこと</u>をここに宣言します。
>
> 　　　　　　（第4回全国ろう理容師大会記念誌 2001: 5, 下線引用者）

　前記と同じくこの大会宣言においても同様の論調が受けつがれており、「自らの障害を克服し」との表現は、直近の第9回大会（平成27年）では用いられていないが、第6回大会（平成19年）、第7回大会（平成

23年)、第8回大会(平成25年)の大会宣言にも使用され、また「耳の聞こえない障害を持つ私たちの理容師」という文言は、第6回大会(平成19年)、第7回大会(平成23年)、第8回大会(平成25年)に続く直近の第9回大会(平成27年)の大会宣言にも見られる。

　いっぽう、こうした大会宣言と連動した運動論として掲げられるスローガンに着目すると、そこには発話や読話の訓練を積むなどの具体的な手段により多数派である聴者に近づくといった医学モデルに基づく発想は皆無である。そもそも全ろ理連結成の活動は、全理連の技術研修や管理理容師資格認定講習会において情報保障として手話通訳をつけよとの要求に端を発している。このため、全ろ理連では上記の障害の克服や社会的参加の制限の解消に向けて「手話通訳者派遣」をスローガンに掲げている。具体的には、第1–3回大会では「管理理容師資格認定講習会の手話通訳者の費用の公費負担」が、第7–8回大会では「あらゆる大会などの手話通訳者派遣の無料化」がそれぞれ要求されている。

　こうしたスローガンは、ろう理容師たちが「障害の克服」や「社会的参加」のために必要としているのは情報保障であり、それを達成する責務を負うのは社会であることを明示する。すなわち、彼らはインペアメントを医療や訓練により自ら克服することを目指す医学モデルの視座ではなく、自身のディスアビリティを解消すべく社会制度の変革を求めるという社会モデルの視座に立つ。そしてその変革の内容とは、手話によるコミュニケーションの保障であり、これは文化言語モデルに基づく手段にほかならない。この点が、同じ「障害の克服」という表現を用いてはいても、障害を個人に帰するとする前節の来賓たちによる医学モデルの論調とは根本的に異なっている。

　全国ろう理容競技大会は映像的にアピールしやすい性質を持つせいか、何度かマスコミに取り上げられている。たとえば、平成2年(1990)開催の第10回全国ろう理容競技大会は、NHK教育テレビの「聴力障害者の時間」に「技を競うろう理容師たち」というタイトルで放映され

た（放送：平成 2 年 10 月 7 日 18:45–19:00、再放送 10 月 14 日）。番組中
では、当時の全ろ理連清田理事長とインタビュアーとの間で次のような
会話が交わされた。

> **インタビュアー：**聴障というハンディを感じないほど、参加者の技術
> は素晴らしいと私は感じましたが、理容の現場で聴障者の皆さんに、
> 問題はないのですか？
> **清田：**皆さん、がんばって理容に取り組んでいますが、現実は不自
> 由ということで、どうしても理容の流行ファッションの情報が少な
> くなっている。そこで、今回の競技会で競い合ったり、情報交換を
> 行っている。　　　　（清田さん個人所蔵資料 NHK 教育テレビ放送台本）

　この会話には、ろう理容師たちの活動に対する外部からの見方と、当
事者自身による捉え方との相違が明快に表れている。すなわち、インタ
ビュアーが、障害という「ハンディ」があっても現場では問題ないのか
という医学モデルの見地から質問しているのに対し、清田は問題点は
「現実は不自由」であるという社会の側に存在するとの社会モデルの視
点から返答し、さらにその問題点とは情報不足であると文化言語モデル
の視点から指摘している。

6.3「デフフッド」に基づくソリダリティ
　　―集団モデル・集団社会モデルの視点へ

　全ろ理連結成の動機となったのは、手話通訳という形での情報保障の
要求であった。前述のとおり、この要求とは自分たちのディスアビリ
ティに由来する障壁の解消を社会に向けてアピールするという点にお
いて社会モデルに立脚するものであり、またその解消に向けた具体的手
段として手話通訳による情報保障を掲げるという点においては文化言語
モデルの立場に立つ。

第2章で述べた集団モデルならびに集団社会モデルにおいて考察される「集団」とは、ろう者全体(＝ろうコミュニティ)を意味する。これに対し、本書では、ろう理容師各個人とともに彼らが設立した全ろ理連を集団と捉えて対象とする。その違いを念頭に置いた上で、あらためて集団としての全ろ理連について考察すると、その設立およびそれに続く活動は、「ろう理容師の生活と権利が保証される豊かな社会の実現を図る」ことを目的に掲げ、具体的には手話通訳による情報保障を社会に対して要求するものであった。したがって、全ろ理連はまさしく亀井(2008: 205)の述べる集団モデルにおける「個人が帰属する集団にとっての良好な社会的環境を考えようとする」ことを目指すものであり、その要求は「手話言語集団の外側における言語的自由の保障」に該当する。さらに、全ろ理連の活動経過は、田門(2012: 87-88)による「所属集団を尊重しその集団から支援を受けながら行動していく「個人」と捉え、そのような個人が社会参加するための条件を追及する」との集団社会モデルの定義を実践してきたと言えよう。

　一つの集団としての全ろ理連に焦点を当てると、その結成を可能にしたのは、本章第2節に記すように各都道府県におけるろう理容師の団体であり、さらにこれらの団体を生み出したのは各ろう学校理容科の同窓会であった。

　ろう学校が果たしている役割の重要性については、木村・市田(1995/2000)、Ladd(2003)、Padden and Humphries(1988)、Schein(1989)、Cyrus(2005)など多数の書籍で論じられている。ろう児の約90%は聴者の両親のもとに生まれる。そのため、ほとんどのろう児は、家庭内で手話やろう文化に触れる経験を持たないままろう学校に入学する。したがって、ろう学校とは多くのろう児にとって自分以外のろう者に初めて出会う場であり、手話を習得し、ろうコミュニティの一員であるろう者としてのアイデンティティを確立する場でもある。初対面のろう者が、互いに出身ろう学校を尋ね合う場面はよく目にする。また、ろ

うコミュニティには緊密なネットワークが存在するため、これをきっかけに即座に共通の知人を見出し、会話が盛り上がる例も多い。

　全ろ理連の結成を目指し、ろうコミュニティならびにろう学校の伝手を手繰って連帯を呼び掛ける行脚を行った井上さんの回想では、当時の状況は次のようであった。

> **井上さん：**僕は、当時勤めていた横浜のお店から 2 週間のお休みをもらった。マスターは最初は、ダメだと言っていたが、全国的なろう理容師組織の必要性を繰り返し説明してやっと理解してもらった。西日本各地を回って説明を行った。ろう理容師の組織がまだなかった地域（熊本など）では、ろう学校やろう協会に行って話をした。福岡や岡山には、すでに県の組織ができていたので、そこで話した。大阪の場合は、ろう学校理容科はなかったが、四国や九州のろう学校理容科の卒業生が数多く働いていたので、その人たちに話を聞いてもらった。初対面の人とも話が盛り上がり、旅費を節約するために家に泊めてもらうことも多かった。僕が直接行けない場合は、たとえば徳島には愛媛の人に行ってもらうという形で輪を広げた。
>
> （井上さんインタビュー、2015.03.21）

　また、昭和 33 年（1958）における神奈川県立平塚ろう学校同窓会理友会創設に関わり、その後も神奈川県・関東・全国のろう理容連盟の役員を長く務めた清田さんは、当時の思い出を次のように語っている。

> **清田さん：**会場の手配や行政機関との交渉で苦労した記憶が残っています。具体的には、車も使えず、現代の様な便利な FAX もなく、役員達との打ち合わせの度に幾度となく、バスに乗ったり、歩いたり、自転車で廻らねばならず、肉体的にも大変な事でした。こうして県ろう理連創立以来、喜びも悲しみも会員の皆さんとともに歩ん

できたことを振り返ってみると、深い友情に恵まれたことを幸せだ
と思います。官庁や企業に提出する文書については、書き方が間
違っているといけないので、平塚ろう学校理容科に持って行って先
生に見てもらいました。先生の定年退職後も、ご自宅にFAXして
誤りを訂正してもらいました。先生は一生の間、私の先生でした。
（清田さんインタビュー、2015.05.19）

　さらに、全ろ理連初代理事長でありのちに群馬ろう理容福祉協会会長
に就任した舘野さんによれば、県内のろう理容師たちの状況は次の通り
である。

（結婚について）ほとんど同郷の者同士で結婚した。恋愛は少なかっ
た。ろう学校の理容科の先生が、とても面倒見がよくて、半ば強制
的に結婚させたり、見合いさせた。その先生が退職後、舘野が後を
継いで、たくさんの結婚に立ち会ったり仲人をやってきた。一組も
離婚していないことを誇りに思っている。同郷同士でも意に沿えな
い者には、他県から紹介したりされたりして、独立開業や結婚も存
在している。東北の青森や岩手、宮城等のろう理容師は、卒業後、
東京、千葉、神奈川等関東周辺へ就職し、関東ろう理連や全ろ理に
加盟することで、沢山のろう理容師と知り合い、交流を深めていく
うち、結婚する者が多い。群馬にも青森出身の男性ろう理容師が群
馬の女性ろう理容師と知り合い群馬の地元で開業、結婚している者
が二組おりますし、群馬から静岡に嫁に行った女性ろう理容師もお
ります。　　　　（舘野さんファクシミリによる回答、2015.04.30）

　岡山県立聾学校理容科の卒業生で組織される青鳥理容文化会は、2018
年4月現在97名の会員が県内外において50店におよぶ店舗を経営して
いる。同会の山本事業部長は、会員たちは聾学校理容科在学中から修業

時代を経て自身の店を開業する過程や、さらにはその後の店舗運営に際しても相互に協力し合い大きな利点を得ていると語る。

山本さん：出身校は岡山県立岡山聾学校理容科。昭和56年に卒業しました。

筆者：理容科を選んだきっかけは？

山本さん：私がなぜ理容科を選んだかというと、岡山聾学校では、7月に理容科の教室で歴代の卒業生達が集まる研修会が開かれていました。その時、各地から集まった理容科の先輩方が素晴らしかった。何が素晴らしいかというと、ヘア・スタイルも服装もかっこいいし、また車も凄い！　当時中学2年生だった私は、その様子を見て、「あ、理容師はいいなぁ、僕も理容科に進もう」と考えたわけ。それにもう一つの理由として、ろう者の自立ということを考えました。理容師は、聴者と対等に自立できますよね。そこに魅力を感じたわけ。これが二つ目の理由。三つ目の理由は、私は人と接してコミュニケーションすることが好きです。人とコミュニケーションすることで、知識が身に付くから。こうした理由で理容科を選びました。

理容科の厳しい点は何かというと、やはり国家試験を受けなくてはならないことですね。国家試験を受験するには、聴者もろう者も関係ない。まったく対等。そのために、学科を必死で勉強し、また技術も磨きました。その時は本当に大変だったけれど、今では良い思い出になりました。　　　　　（山本さんインタビュー、2017.09.17）

　山本さんの語りから、昭和50年代のろう学校ではお洒落で裕福な先輩理容師が生徒達の憧れであったことがわかる。こうした状況は、Hairston（2008）が語る「理容師は独立したビジネスマンであり、収入が良く立派な車に乗ってぱりっとした身なりをしている」との1950年代におけるアメリカの光景と重なり合う。

筆者：卒業後は修業したのですね？

山本さん：はい、理容科在学中、インターンという形で見習いとして先輩のお店に勤めて、技術を習いました。そのことはとても良かったと思います。というのは、もしも聴者の経営するお店なら、コミュニケーションが上手くいかなかったのではないかと。先輩のお店では、ろう者同士なのでスムーズに話が通じ、楽しく働くことができました。また、仕事が終わると、夜には遊びにも誘ってもらいました。そのことも、とても良かったので感謝しています。仕事の時は一生懸命働き、オフの時間には頭を切り替えて遊ぶことも大切だと、先輩から教わりました。こうしたことがすべて良い勉強になりました。楽しい事がいっぱいありました。

筆者：最初に入ったお店は、ろう学校の先輩が経営するろう者のお店だったんですね。

山本さん：そうそう。名前は池淵さん。岡山駅の近くにお店がありました。マスターの下に、2、3人先輩がいてその下に私が入りました。最初は髪の毛を掃いたり、タオルを洗ったりと補助的な仕事を担当しました。いろいろ楽しかったです。

筆者：みんなろう者？

山本さん：そう、みんなろう者。聴者はいません。

筆者：それは幸せですね。これまで、聴者がマスターのお店で働いた経験はないの？

山本さん：う〜ん、ないですね。聴者のお店の経験はありません。理容科の高1、2、3年の時のアルバイト、インターン見習い、その後も聴者はいなくて全員先輩ろう者のお店で働いてきました。

（山本さんインタビュー、2017.09.17）

　青鳥理容文化会が形成する密度の高いろう理容師のネットワークが存在する岡山では、このように卒業生達は先輩であるろう理容師の経営す

る店舗で修行するケースが多いとの事である。ろう学校卒業後、店主も兄弟子も聴者である店に就職した場合には、ただ1人「耳がきこえない」という立場でのコミュニケーションの不備から、孤独感に悩んだりまたそれが原因となって退職せざるを得なかったという話を、これまでに筆者はたびたび聞いた。いっぽう、山本さんはこのような辛い経験をすることなく、共通言語である手話を用いて理容技術も社会人としての心構え等もスムーズに習得できるという恵まれた環境で過ごすことができた。さらに次のような出来事もあったそうである。

> **山本さん**：他にもいい話があります。先輩のお店の常連客が仕事の都合で引越すことになりました。そのお客様は聴者なんですが、「引っ越し先の近くにろう理容師のお店があったら紹介して」と先輩に頼んだそうです。先輩は「転居先はどこですか？　あ、そこなら山本君のお店が近い」と言って、私の名刺をお客様に渡してくれました。その後、そのお客様は私の店に来てくださいました。やはり、聴者のなかにもろう者の理容店を好まれる方がいらっしゃるのだとわかり、とても嬉しかったです。このお客様は、理容師のおしゃべりや大きな音の音楽が騒がしい聴者のお店よりも、静かな環境でくつろげるろう者の店が良いのだなと、ありがたく思いました。
> **筆者**：その人は自分は聴者だけど、わざわざろう理容師のお店を探したのですね？
> **山本さん**：そうなんです。ろう者の理容店を探していただいて、私も嬉しいです。
> **筆者**：へぇ、そういうお話は初めて聞きました。やはり岡山はろう理容師が多く、ネットワークがあるので、そういうことができたのかな？
> **山本さん**：そうそう、情報交換、お互いに協力し合って。その時は先輩に私のお店を紹介してもらったし、また別の地域でも、私が他

のお店を紹介することもできます。

（山本さんインタビュー、2017.09.17）

　このエピソードは、ろう理容師の店舗が数多く存在する岡山であるからこそ転居先でもすぐに希望の店舗がみつかったという点と、一般的には世間的なお喋りによる接客が出来ないことがろう理容師の不利な点とされているが、逆に静謐な雰囲気を好む聴者の客も存在するという2点において興味深い。

　彼らの述懐から浮かび上がる全ろ理連の姿は、手話とろう文化による固い絆に加えて、理容業という職業を共にする連帯感によって、縁結びまでも含めて驚くばかりに強く結びついている。この絆は、まさしくLadd（2003）の言うところの「デフフッド」のもたらすソリダリティであるといえよう。一般にろう者は聴者に囲まれた日常生活を送っており、そこではコミュニケーションが非常に制約される。そのため、ろう者が集う場ではこころゆくまで手話で語り合い、日ごろのストレスを発散させることができるのであろう。この点を念頭に置いて、第4章のライフストーリー・インタビューにおける「（他の職種には）日曜が休日の人が多いので、理容科を辞めてしまう。友達と会って仲良くしたいから。僕は、違った。休日は月曜でも構わない。自分で店を構えることが目的なので、技術を身に付けたかった。自分で決めた仕事だから、我慢。我慢。」という真間（三）さんの語りや、第6章で西島さんが若い世代の理容業離れについて述べる「理容師は他の仕事と休日が違うので、友達と遊びにくいのも理由の一つ」という指摘を振り返ると、「休日が合わない」ことが、いかに深刻なデメリットであるかが理解できる。だからこそ、休日が同じであるろう理容師同士は、緊密に連絡を取り合い交流を重ねて結束を固めてきたのだと推定される。

　このように、全ろ理連は親睦団体としても大きな役割を果たしてきた。一般企業とは異なり週末が休みではないため、他の職種に就いた友

人との交流が困難な中で、ろう理容師たちは全ろ理連やその各地方組織の集まりの中で、手話による自由闊達なコミュニケーションを通して職業人としての情報交換にとどまらず、個人的にも親密な友人関係を結んだ。さらに、こうしたイベントは結婚につながる出会いの場としても機能してきた。

　また、清田さんおよび舘野さんの話では、その求心力の一つとして聴者であるろう学校教師が挙げられている。第2章で述べたように、彼らが在籍した当時のろう学校では、手話の使用を厳禁した口話教育が行われていた。理容科の授業においても講義では口話が多用され、生徒たちは教師の口型の読み取りと板書を頼りに、非常な苦労を積み重ねて理容師試験に向けて励んだとのことである。しかし理容科においては、たてまえ上は厳禁とされた手話を用いた指導も行われていたとの証言もある。現場の教師と生徒との間には、緊密な交流を通して深い親愛と信頼に根差した豊かな人間関係も築かれていたことが判明し、記録にとどめたい。ただし、ろう者自身の言語である手話を禁じマジョリティの言語である口話を強要した口話教育自体は、Abberley(1987)が述べる抑圧的医学モデルの典型といえる同化政策である。口話教育に対する批判と現場での師弟の個人的な信頼関係とは、別個に論じる必要があることを再確認しておきたい。

　1970年代のイギリスにおいて Finkelstein ら UPIAS のメンバーは、障害を個人に帰する従来の医学モデルに異議を唱え、障害(ディスアビリティ)とは幸不幸や良否を問われるものではなく自然な差異の一つであり、それに関わる問題の解決に必要とされるのは誰にとってもアクセスしやすい社会の構築である社会モデルという概念を打ち出した。またろう者については、Erting(1978)が文化人類学的視点に立つ文化言語モデルを提唱し、この潮流は Padden and Humphries(1988)、木村・市田(1995/2000: 8)、Ladd(2003)らに継承された。現在では、ろう者を「手話」という言語を共有する文化的ならびに言語的少数者と捉え

る視点が広く浸透しつつある。こうした一連の研究や活動は、それ以前には「個人的悲劇」として各人が克服を目指すとされていた「障害」の概念を問い直し新たな位置づけと名称を与えることにより「障害者」像を刷新し、またろう者については「ろう文化」や「ろうコミュニティ」を可視化したという大きな功績を挙げている。

　いっぽう、全ろ理連結成を目指した若いろう理容師たちは、社会モデルの概念が世に問われる以前の昭和30年代（1950年代）から、早くも社会モデルと同方向の運動を開始し、かつ具体的には情報保障を目指した文化言語モデルの観点に立つ要求を継続してきた。すなわち、彼らが作り上げてきた全ろ理連という集団は、「デフフッド」を基盤とし、そこに職業人としての矜持と要求とが積層されることにより、さらに結束力と実利的なストラテジーとを高めた強固な組織として社会に働きかけてきた。また、全ろ理連の活動がもたらす成果は、個々の会員による社会参加への還元をめざすものである。こうした見地から、本書では全ろ理連とは田門（2012）が述べるように社会モデルと文化言語モデルとを融合させた集団社会モデルが具現化された例として提示したい。

1　昭和22年（1947）に全日本聾唖連盟として再結成される。

2　卒業の3年後に結成されたことを考えると、創立メンバーは20歳前後の若さであった。初代会長に就任した河原耕三は、のちに全ろ理連の理事長を長く（昭和48–59年）務めることになる。

3　井上健さんはこの時点では神奈川県在住であったが、第5章2.2で語られているように昭和49年（1974）に静岡県伊東市で開業し、以後は静岡県聴力障害者理容協会に属しているため、現在では静岡県の人として認識されている。したがって、ここで示す「神奈川県の井上健」と、次に引用する上田の回想に登場する「静岡県の井上健氏」は同一人物である。

4　同法改正の施行は昭和46年であったため、それに先立ち昭和45年からろう理容師

第 6 章　全国ろうあ理容連盟（全ろ理連）の軌跡　185

　　対象の講習会が始まった。

5　日本において厚生省により公的な手話通訳設置事業が開始されたのは昭和 48 年
　　（1973）である。

6　原文ママ。実際には全ろ理連も同業界における全国団体である。

7　全理連と同様に原文ママ。実際には全ろ理連もろう者による全国規模の当事者団体
　　である。

8　この件については、「障害者差別」という問題ではなく、理容師の過剰傾向防止と営
　　業利益確保の観点から述べられたもので、誤りであったとして、後に和解が成立し
　　ている。

9　のちにボウリング・ゴルフ・ソフトバレーの各大会も行われるようになる。

10　ろう学校は生徒数が少ないため、部活動の種類が限られている。かつては野球部の
　　人気が大変高かったとのことである。

11　アウトサイダー店の略。全理連に加入しない非組合理容店。独自の料金設定を行う。

第 7 章

おわりに
─ろう理容師たちの遂行したもの

第1章において、本書の目的ならびに期待される成果として次の3点を挙げた。

①ろう者の中でも理容師という特定の職業に従事するひとびとを対象として選択し、かつ質的調査の手法を用いて研究すること。
②ろう学校理容科設立目的の一つに挙げられる口話教育の成果の有無および限界について、当事者による就業現場でのコミュニケーション実践の視点から分析ならびに考察すること。
③ろう理容師各個人が語るストーリーと並列して、全ろ理連の結成と活動経過を辿り、その集団としての結束や要求行動を解明することにより、言語的少数者としての一つのモデルケースを提示すること。

本章では、上記の各視点から、本書の調査によって判明した事柄を整理する。またその結果に基づいて、社会におけるろう理容師の位置について、とくに多文化共生社会の中での「言語的少数者」としてのコミュニケーションに焦点を当てて考察する。最後に、今後の展望を述べる。

1. ろう理容師を対象とする質的調査から判明した点
―視点①からのまとめ

　ろう理容師の存在は、関係者以外にはあまり知られてはこなかった。本書では、質的研究法の分野の中でも「現場」を内側から理解するというエスノグラフィーの立場から、ライフストーリー・インタビューを基軸とし、調査協力者たちに生い立ち、ろう学校での体験、理容師という職業の選択、さらに社会に出てからの現在に至るまでの就業の様子などを語ってもらった。以下に、第4章および第5章におけるライフストーリー・インタビューでの語りや観察結果の抜粋を含め、その概要を述べる。

1.1 ろう学校理容科―ライフストーリー・インタビューにおける語り

　調査協力者たちは、「音」を認識した体験をもたない「早期手話話者」や、「できるだけ聴者に近づいてもらいたい」との家庭の方針により、最初は普通校に入学したものの学習面での遅滞により途中でろう学校に転校したり、また事故による失聴が原因で中学卒業後にろう学校に入学した「後期手話話者」など、多様な生い立ちを有する。

　生後まもなく失聴した井上さんは「僕には声という意味もわからなかった。その時は手話もできないし、声を出すことも知らなかった。まったく何もわからない状態で学校に入った。たとえば、「モモ」、「リンゴ」、「トウモロコシ」といった名前も知らなかった。実物は、目で見てわかったけれど、それに名前があるということは知らなかった」という状況でろう学校幼稚部に入り、入学後に長く続いた厳しい口話教育の実情を詳細に語っている。いっぽう、中学校からろう学校に入った清田さんは、転校当初は「ろう学校に移るように言われたので、しかたなく入学した。入っても、手話はまったくわからない。面倒なので、口話でしゃべっていた。でも、話が通じない」という状況であったが、次第に学校に馴染み、クラスのリーダー的存在となって活発な生活を送るよう

になる。当時を振り返り、清田さんは「中学校からろう学校に入り、良かった。元気になった。食べる量も増えたし、野球もやった。体も大きくなった。転校に不安はあったけど、勉強のことや学校での生活のことを考え、思い切って転校したことは、自分の一生にとって大変よかったことだと、今、つくづく感じます。そして、卒業後、理容の仕事の腕を磨いて、自分のお店を持ってお客様に来てもらいたいという気持ちになった」と述懐している。

中学生の時に事故が原因で聞こえなくなった舘野さんの場合、失聴後は授業が理解できず沈んだ気持ちで過ごしていたが、ろう学校入学後は、普通校とろう学校との学習進度の差もあって「オール1」から「オール5」へと成績が急上昇した。

進路を決定するにあたり理容科を選択した理由として、真間(三)さんは親から「ろう者がプライドを持って生きるには、理容技術を身に付けるのがいいと勧められた」と語っている。アンケートの回答を参照しても、同様に保護者の強い勧めにより理容科に進学した人は多いようだ。

井上さんによる「たとえば、通信簿に「5」や「4」が並んでいる人は、理容科に入学がOK。「3」以下の人は、学力的に理容科の授業についていくのは無理」との説明どおり、当時のろう学校理容科は学力や独立志向の高い優秀な生徒達の進学先であった。また、井上さんが中学まで在籍していた品川ろう学校には理容科がなかったため、進学先を平塚ろう学校に変えていることからもわかるように、ろう学校専攻科の中で理容科は人気の高い学科であった。教師や保護者達も、生涯にわたって役立つ技術と国家資格を獲得できる理容科を熱心に勧めた。理容師法の制定やろう学校内の設備が充実する中、本書における調査協力者たちの語りにあるように、理容師資格の取得に向けて教師たちは熱意を持って指導に当たった。また生徒たちも意欲的にこれに応え、高い合格率で国家試験に合格し、修業を積んだのち開業という形で自立を果たす者が多かった。

ここで注目すべき点として、手話が厳禁とされた口話教育全盛期の当時において、理容科の中では手話を用いた指導も行われていたことが挙げられる。この事実が、後の全ろ理連結成後における管理理容師資格認定講習会において、多くのろう学校理容科教師が手話通訳を担当することにつながっていく。国家試験合格に向けた技術や学力の向上を目指し、少人数のクラスで密度の高い学習や実習を重ねた結果、教師たちと生徒たちの間には良好な信頼関係が結ばれ、かつその師弟関係は清田さんや舘野さんが語るように（第6章6.3節参照）卒業後も長く維持されてきた。

　第4章に報告する宮城県立聴覚支援学校理容科でも、教師たちと生徒たちが国家試験合格に向けて力を合わせて熱心に取り組んでいる状況が見られた。上述の親密な雰囲気は現在も引き継がれているように見える。

1.2 就業現場におけるコミュニケーション実践

　国家試験に合格して理容師資格を取得したろう理容師は、修業のために聴者の店主や同僚のいる店に入店するのが一般的である。しかしこうしたケースでは、清田さんの語る「でも、うまくいかなくて、結局、すぐに辞めた。はじめての職場でもあったし、店主夫妻のほかに、スタッフが2名勤務していて、僕1人だけ耳がきこえないということもあって、他の従業員とも、上手く話ができず、いろいろな面で学校時代と違うところがありすぎて、どうしてもなじめず、辞めてしまった」という経験のように、コミュニケーションの問題で苦労したという話を聞くことが多い。いっぽう、山本さんのようにろう学校理容科の先輩の営む店に就労した場合は、当然ながら手話を用いたスムーズな技術習得と社会人としての修業が可能であった。

　また、真間（三）さんや井上さんのように、腕を磨くために複数の大規模な理容店で勤務し、多彩な技術を身に付ける人も多い。さらに、「ユニセックス・ヘア・サロン」の開店を目指した望月さんは、都内やさらには海外まで出かけて研修を受けている。第5章で報告したように、ろ

う理容師の中には聴者の理容師をしのぐ技術と経営戦略とを駆使し繁盛店を営むケースも数多く見受けられる。

　ここで、本書で解明を目指したろう理容師と聴者である客との間での店舗におけるコミュニケーションの実態を再度確認する。まず、ろう学校における口話教育は、そうした場においてどのように生かされてきたのであろうか。

　たとえば「長い？　短い？　OK?」といった理髪作業の基本となる会話については、ろう理容師達が口話教育で身に付けた読話と発音の能力で対応可能なようである。この事実は、アンケート調査において、多数のろう理容師たちが、聴者の客とのコミュニケーション法の一つに「口話」を挙げ、また60％のろう理容師が口話教育を肯定する回答をしていることにも反映されている。しかし見方を変えれば、40％の回答者は口話教育が役立っていないと回答しているわけであり、西島さんのように「僕は、ろう学校では「口話が上手だ」とほめられていました。ところが、実際に社会に出てみると、僕の話すことは聴者にはほとんどわかってもらえなかった」と感じているろう理容師も存在する。

　また、「(口話教育の)悪いところは、僕が声を出すと、相手に「この人は聞こえる」と勘違いされるところ。そうすると、相手はペラペラ喋りだして、僕にはまったく読み取れなくなる。もう、お手上げ！」という真間(三)さんの語りからわかるように、会話の内容が複雑化すると、とても口話では対応しきれなくなる。このような場合に役立つのが、筆談、身ぶり、写真やイラストが掲載されたカタログ、スマートフォンやタブレット等の視覚を利用した方法である。ここで注目したいのは、こうした手段はろう理容師たちが一方的に用いるわけではなく、客の側も利用している点である。さらに、客たちは口を大きく開けてゆっくりと話すことにより相手が読み取りやすいように工夫したり、簡単な手話表現を覚えたりもしている。

　理髪店の機能の一つとして、客と店主や客同士による世間話を通した

情報交換と交流が挙げられる。ろう理容師たちにとっては、こうしたフリー・トークは非常に難しい。西島さんは、この状況を埋め合わせるため、「お客様には、僕のお店は仕事が丁寧だと喜んでいただいてます。聴者の理容師さんは、いろいろなお喋りをしながら散髪をしますよね。お客様もお喋りを楽しんでいると思います。でも、ろう者は喋ることはできないので、その分、集中して丁寧に仕事をします」といった努力を行っているそうである。

　しかし、筆者が観察を行ったどの店舗においても、相手が自分の話を把握しているかどうかはお構いなしに、楽しそうにお喋りする客がかなり見られた。こうした現象が起きる理由については、本章4節において解明を試みる。さらに、山本さんの語りにあるように、静かな雰囲気を求めて、ろう理容師の営む店舗をあえて選ぶ聴者の客もいる。

　本書における協力者であるろう理容師たちは口話教育全盛期にろう学校に在籍したため、長期にわたる厳しい発話・読話の訓練を受けた。彼らはこうして獲得した口話能力を含め、「使えるものはなんでも」使ったコミュニケーションにより、たくましく理容業を営んできた。ただし上述のように、ろう理容師の店舗におけるコミュニケーションは、ろう学校理髪科設立時に教育者たちが目指したような、口話教育の成果によってろう理容師が一方的に聴者側に近づくという形態ではなく、双方からの歩み寄りによって成り立っている。この点についても本章4節で検討する。

　また、ろう理容師と聴者とのコミュニケーションは、店舗における客との会話にとどまらず、技術者としてまた店舗経営者としての立場からは、きわめて複雑な内容のコミュニケーションが必要となる。こうしたレベルにおける情報保障を目指して結成されたのが、全ろ理連にほかならない。

　本書ではろう理容師たちの生い立ちから現在に至るまでのさまざまな経験や思いを聞き、また店舗における実際の接客状況を詳細に分析し検

証した。さらに全ろ理連という集団の活動を辿ることにより、個人にとどまらず集団としてのろう理容師像を捉えた。その結果、ろう理容師たちが職業人としての実績を上げられたのは、以下のような理由によると解明することができた。

> （ア）ろう学校理容科においては、優れた学力と旺盛な自立への意欲を兼ね備えた生徒たちが国家試験合格に向けて研鑽を重ねたこと。また、教師たちもその意欲に応え、当時禁止されていた手話の使用をも含めて、熱心に指導したこと。
> （イ）卒業および就労後、ろう理容師達は全ろ理連という団体を結成し、社会に対して情報保障を要求するとともに、自らの存在をアピールしてきたこと。かつ、その成果としての手話通訳付きの講習会、技術研修、競技会等に参加することにより情報を確保し、知識と技術の向上を果たしてきたこと。さらに、同連盟における交流を通して、職業人としての情報交換や個人的な親睦を重ね、結束を固めたこと。
> （ウ）店舗内では、ろう理容師たちは口話教育で獲得した発話および読話のスキルに加えて、多様な視覚的手段など「使えるものはなんでも」使い、フレキシブルなやり方で客との意志疎通を図ってきたこと。これと同時に、聴者である客の側もさまざまな手法を用いることによって歩み寄り、両者の間で相互行為としてのコミュニケーションが実践されてきたこと。

2. ろう学校理容科と口話教育―視点②からのまとめ

　昭和8年(1933)、日本のろう教育界における理容科の第1号となる徳島県立盲聾唖学校理髪科が設立された。その背景には、視覚的要素が強くまた手先の器用さと集中力が要求される理髪業は、ろう者の自立に適した職業であるとして当時から注目されていたことが挙げられる。次に、

その設立に携わった秋田忠雄校長が挙げる設置理由の一部[1]を再度引用する。

> （五）近時は聾唖者に対する教育法が進歩し、他人のことばを口形や唇の動きなどにより判断し、自らもこれに倣って発声発語し、他人に自分の意志を伝えることができるようになったこと。
>
> （六）ことばによって自分の意志を伝えることができれば、これを文字文章に改め、もって他人に自分の意志を伝えることもできるようになること。
>
> （七）そうなるともはや聾唖者と普通人との区別は殆どなくなり、聾唖者も普通人と同様の職業につき、同様の生活ができるようになるものと思う。国家社会の進歩発達に多大の貢献をすることになること。
>
> （全国聾学校理容科・美容科研究協議会 2013: 3）

　前述のように、徳島県立盲聾唖学校理髪科が設立された昭和 8 年（1933）は、全国聾学校校長会で鳩山文部大臣（当時）が口話教育を奨励するとの訓示を行った年と一致する。秋田が述べるところの、口話教育によってろう者が聴者と同等の読話ならびに発声発語能力を獲得でき、さらにその成果として文章力も身に付けられるという目標は、理容科に限らず当時のろう教育界全体が目指した理想であった。当時は、口話の獲得がろう者の将来を約束する唯一の教育法だと考えられていた。手話での会話は口話獲得を妨げるものとしていっさい禁じられ、各ろう学校の廊下などには「手まねをやめてお話をしましょう」との標語が貼りだされたとのことである（高山 1979）。

　以後、全国のろう学校の多くに理容科が開設された。第二次世界大戦の影響を受けた停滞期を挟んで、ピーク時には全国の 45 ろう学校に理容科・美容科が設置され、昭和 42 年（1967）には、在籍生徒数が 831 名

と最大に達した。

　徳島県立盲聾唖学校理髪科設置から約 30 年を経た昭和 39 年（1964）、松山ろう学校長であった相原益美は、理容業がろう者にとって適職であるという理由を次のように挙げている。

> （一）他の職種と比較して、地域差、個人差、流行等に左右されない。
> （二）接客業であるが、言語的交渉はある限られた語彙内で可能である。
> （三）営業のための仕入れ、販売、代金の集金、原価計算等の要がなく、経営が簡略である。
> （四）料金が地域内で協定されており、個人でのやりとりが不要である。
> （五）営業に関することが法的基準に基づいており、衛生的で生活感があり、ろう者の一般的な性格によく適合している[2]。
> （六）失聴という障害は他面雑談から遮断されており、刃物を扱う精密な業務に意識を集中することができる。
> （七）独立開業の資金が比較的少額である。
> （八）ろう学校が養成施設として指定されるので、卒業後も技術教育が受けられる。
>
> （全国聾学校理容科・美容科研究協議会 2013: 7）

　秋田の論調と比較すると、相原が掲げる上記の八つの理由はきわめて実務的であり、30 年間に及ぶろう学校理容科での教育実績を踏まえた現状に即した報告ならびに提唱であると考えられる。また、口話教育に関連する相原の述べる理由（二）における「言語的交渉はある限られた語彙内」との表現は、第 5 章における調査協力者たちの語りや筆者による観察に見られた理髪作業にかかわる最も基本的な部分と解釈すれば、まさしくその通りである。上述のように、こうしたやりとりには客の口型

を読み取る読話とろう理容師による発話という、口話教育で身に付けた
スキルが重宝に用いられている。ただし、ろう教育界が長年にわたって
全力を傾けてきたともいえる口話教育の成果が、上記のようなごく狭い
範囲に限ってのみ発揮されていることは、先述のとおりである。30年
余の口話教育による理容科での指導期間を経たこの時点（昭和39年）に
おいては、相原は既に口話法の効果が及ぶ範囲とその限界を把握してい
たことが推定される。

　秋田の挙げる設置理由の中で、「（七）そうなるともはや聾唖者と普通
人との区別は殆どなくなり、<u>聾唖者も普通人と同様の職業につき、同様
の生活ができるようになるものと思う。国家社会の進歩発達に多大の貢
献をすることになること</u>（下線引用者）」における下線部分については、
本書で調査したろう理容師たちが、各個人としてまた全ろ理連という集
団として、すでに達成してきたことは明らかであろう。ろう理容師たち
は、技術面においても経営面においても、たしかに聴者の理容師と同等
もしくはそれ以上の実力を発揮してきた。しかし、その前提条件として
秋田が述べる「そうなるともはや聾唖者と普通人との区別は殆どなくな
り」との文言は、ろう者が一方的に聴者に近づくことを最終目標とした
医学モデル的志向の表明にほかならず、こうした事態は達成されていな
い。そもそも、ろう者は聴者とは異なる言語や文化を有する存在として
尊重されるべきであり、「聾唖者と普通人との区別」をなくす必要はない。

　秋田らによる、ろう者の職業としての理容業への着眼は大きな実を結
び、多数のろう理容師たちを職業人として世に送り出すことに成功した。
したがって、その慧眼は高く評価できる。いっぽう、ろう理容師による
コミュニケーション実践においては、口話教育によって獲得されたスキ
ルが有効となる範囲はきわめて限られていることを、ここで改めて指摘
しておく。

3. 全国ろうあ理容連盟の位置づけ─視点③からのまとめ

第6章では、社会の中でのろう者の位置づけが、医学モデルの否定から社会モデル・文化言語モデルを経て集団モデル・集団社会モデルへと推移するプロセスを概観した。

第2章3.6節で紹介したように、木村・市田は「ろう文化宣言」において、「ろう者」を「耳の聞こえない者」、つまり「障害者」という病理的視点から、「ろう者」＝「日本手話を日常言語として用いる者」、つまり「言語的少数者」という社会的文化的視点への転換を提唱したうえで（木村・市田 1995/2000）、ただし「耳が聞こえない」というインペアメントに基づいて「障害者」とみなされることに対して異議があるわけではないと、後に論点を整理している（木村・市田 2000）。

ろう者とは、文化言語モデルで捉えると少数言語である手話の使用者、すなわち言語的少数者として存在する。いっぽう社会モデルで捉えると、聞こえることが「あたりまえ」とされる社会では、聞こえないひとびと（その使用言語にはかかわらず、ろう者、中途失聴者、難聴者を含む）はさまざまな情報へのアクセスにバリアが課せられている disabled な障害者である存在となる。したがって、その両観点は矛盾せず、ろう者が「言語的少数者」なのか「障害者」なのかと二者択一を求める必要性は感じられない。

では、本書の対象となるろう理容師たちは、自身をどのように捉えているのであろうか。言うまでもないが、各人のポジショニングは自身の自己認識によって決定されるものである。この点を念頭に置いた上で、調査協力者たちの語りや全ろ理連の活動の軌跡を再検討してみよう。

本書において把握した限りでは、全ろ理連を構成するろう理容師たちは自身を「障害者」と明確に認識している。第1–3回全国大会（昭和52–56年）の大会宣言には「我々全国の聴覚障害理容師は、緊密なる連携のもとにますます組織の強化と団結を図り、相互の協力と親睦を通して自らの障害を克服し、我が国の完全なる社会福祉制度の実現と聴覚障

害者に対する偏見の是正を目標にして平和なる福祉国家の建設に寄与せんことをここに宣言する」とある。さらに、第4、6–9回全国大会（平成13–27年）の大会宣言には「私たちのろう理容師も一般以上に厳しく影響されているし、耳の聞こえない障害を持つ私たちの理容師にとりましては、社会的参加も制限されております」と述べられている（いずれも下線引用者、以下同様）。

　いっぽう、全ろ理連による社会への要求として、第1–3回大会のスローガンでは「管理理容師資格認定講習会の手話通訳者の費用の公費負担」が、第7–9回大会のスローガンでは「あらゆる大会などの手話通訳者派遣の無料化」がそれぞれ要求されている。これらの要求から、ろう理容師たちが求めたものは「手話による情報保障」であり、この事実は彼らが自身を「言語的少数者」としても認識していることを意味している。

　さらに、平成28年（2016）1月11日に開かれた「第42回群馬ろう理容福祉協会[3]新年大会」でのスピーチにおいて、同協会会長舘野弘は「私達の目指すものは、障害者としての自立や社会参加ではなく、社会貢献であります」と述べた。実際に、清田さんへのライフストーリー・インタビューにおいては、「養護施設や老人ホームへ行って、散髪の無料奉仕」を続けたとのエピソードが語られている。同様に、井上さんは市内の高齢者施設において長年にわたって理容ボランティアを行っており、また市の社会福祉協議会が主催する「ふれあい広場」でもボランティアの理容店を開いている。真間（三）さんは近所の病院の依頼を受けて、来店できない入院患者の出張散髪を有償奉仕の形で毎週1回実施している。さらに青鳥理容文化会会長の坂口も、「私たち青年部員を中心に老人施設・養護学校等に訪問し、現在の様な発展を果たせたお礼の気持ちを込めて、整髪ボランティアを実践しています」と報告している（坂口、森・齋藤 2013: 320）。

　上記を総括することにより、全ろ理連を次のように捉えることが可能である。全ろ理連を構成するろう理容師たちは、自らを「障害者」と認

識し、その障害(インペアメント＝聞こえないこと)によって課せられた不利益(ディスアビリティ＝コミュニケーションの制約)の解消を目指して社会に働きかけようと、社会モデルの立場に立って全ろ理連を結成し活動を続けてきた。また全ろ理連が社会に向けて具体的に要求してきたのは、「言語的少数者」としての手話通訳による情報保障である。全ろ理連によるこの要求は、亀井(2008)の述べる集団モデルにおける「手話言語集団の外側における言語的自由の保障」に該当する。さらに、上記の自己認識ならびに活動歴から、全ろ理連とは社会モデルと文化言語モデルの両方の特性を兼ね備えた存在、すなわち田門(2012)の提唱する集団社会モデルに該当する団体であると理解することができる。こうした社会へ向けての要求活動と並行して、全ろ理連のメンバーたちは、自立した職業人として社会における責務を果たし、さらには技術を活用した奉仕活動を通して積極的に地域に貢献してきた。群馬ろう理容福祉協会の舘野会長による上述のスピーチには、「自分たちは、自立や社会参加はすでに達成しており、さらにその先を見据えて行動している」との自負と矜持が表れているのではないか。

　このように、全ろ理連の結成から現在に至るまでの活動を辿り、また多様な視点から考察することにより、この稀有な集団の社会の中での位置づけを明示することができた。

4. 多文化共生社会の中で
4.1 双方からの歩み寄りによるコミュニケーション
　　　―コミュニケーション・アコモデーション理論の視点から

　ここでは、本書において調査ならびに考察した言語的少数者であるろう理容師と、マジョリティに属する聴者の客との間におけるコミュニケーションを、異なる角度から再検討することにより両者が築き上げてきた関係性について、言語を切り口とした解明を試みる。

　コミュニケーションとは、話し手と受け手との間で行われる相互行為

である。こうした相互行為において、人は相手に合わせて自分の話し方を調整することにより、相手との社会的な距離をコントロールしようとする。この現象を分析しその解明を目指す理論として広く知られているのが、Giles（2016）の提唱するコミュニケーション・アコモデーション理論（Communication Accommodation Theory: CAT）である[4]。ここではCATの枠組みを用いて、ろう理容師と聴者である客とのコミュニケーションを整理し考察する。

CATにおいては、コミュニケーションに際して話し手と受け手とが相手に合わせるために使用するアコモデーション・ストラテジーを、以下の3種類に分類する（Dragojevic, Gasiorek and Giles, 2016: 36–41 訳筆者）。

①収束（convergence）：自身のコミュニケーション行動を、より相手に近づけようとするストラテジー。
②拡散（divergence）：自身のコミュニケーション行動を、より相手から遠ざけようとするストラテジー。
③保持（maintenance）：相手との調整を図らずに、自身のコミュニケーションを「ディフォルト」のレベルに保とうとするストラテジー。

①の「収束」は協力的なアコモデーション・ストラテジーであり、その動機となるのは相手からの承認を得たいとの願望である。これに対して、②の「拡散」並びに③の「保持」は非協力的なアコモデーション・ストラテジーと考えられており、相手との違いを明確にしたいとの願望によって動機づけられている。こうしたストラテジーは、会話相手のどのようなニーズや特徴に焦点をあてるかに応じて選択される。また、片方の対話者のみが一方的にアコモデーション・ストラテジーを使用することもあれば、双方が対称的に使用する場合もある。さらに、ある相互

行為の一部においてのみアコモデーションが図られることもあれば、相互行為全体を通して調整がなされる場合もある。さらには、複数回の相互行為にわたって、上記のストラテジーが継続して用いられるケースも存在する。

　本書では、ろう理容師と聴者である客との就業現場におけるコミュニケーション実践の掌握に力を入れた。調査の結果、ろう理容師達は、基本的なやりとりにおいては、口話教育で獲得したスキルである発話と読話を多用していることがわかった。さらに会話の複雑さが増すにつれ、筆談ボード等を用いた会話、説明文等の掲示、写真・イラスト集やスマートフォン・タブレットによる画像表示、身ぶりといった諸種の視覚的なコミュニケーション手段が取り入れられていることも判明した。

　いっぽう、客の方も同様に、筆談や身ぶり、写真・イラスト集、スマートフォン等の視覚手段の活用とともに、口を大きく開けてゆっくりと話すといった方法を採ることにより、ろう理容師とコミュニケーションを図っていることがわかった。

　第5章で報告したろう理容師と客とのコミュニケーションに際しては、ろう理容師の立場からは客の要望の掌握が職業上必須である。同様に、客の側もまた自分の希望通りのヘアスタイルに仕上げてもらうためには、十全な意思伝達が不可欠である。ようするに、注文が通じないと双方が困るわけである。そのために両者が用いる手段、すなわちろう理容師側からは発話や口型の読み取り、客の側からは口を大きく開けてゆっくりと話すといった発話行為、さらに双方にとってわかりやすい視覚手段（筆談・身ぶり・写真・イラスト集の指さし・スマートフォン・タブレットによる画像表示など）の導入は、CAT の枠組みで捉えると、相手により近づくために双方向から対称的に使用される「収束」ストラテジーであると考えられる。Dragojevic ら（2016）は、アコモデーションが行われる状況を分類し、その1例を次のように述べている。

> 会話を行う人が相手の「何が語られているか」を把握する能力に注意を払う場合には、理解を促すために使用語彙の範囲の縮小、文法の単純化、はっきりとわかるように大声で話すなどのストラテジーを使用することができる。　　　　　　　　（Dragojevic et al. 2016: 41 訳筆者）

　ろう理容師と聴者である客との相互行為としてのコミュニケーションは、この説明を適用することによりわかりやすく解釈することができる。
　さらに、CAT によれば、「収束」ストラテジー(特に対称的に使用される場合)は、概して相手に対する好ましい評価をもたらし、話し手と聞き手との間の親密感や連帯感を強めるとされる。

> コミュニケーションにおける話し手の意図や動機によってアコモデーションが受け止められると、急速かつ累積的に相手との社会的距離が縮まり、相互行為が達成される。また話し手に対する評価が高まり、相互理解が促進される。（Dragojevic et al. 2016: 51 訳筆者）

　ろう理容師の営む店舗においては、双方がこのような自発的な「収束」ストラテジーを用いて歩み寄る相互行為が、長期間にわたって継続的に行われてきた。その結果、ろう理容師と客との間の社会的な距離が短くなり、友好的な雰囲気が醸し出されるようになったと思われる。このように社会的距離が縮まり、両者間でスムーズな相互理解が可能となった結果、聞こえる客たちは「聞こえない・聞こえる」という相手と自分との相違点を意識しなくなったり、あるいは自分の話がすべて相手に通じていると錯覚するようになるのではないか。第５章の店舗観察において報告した、相手がろう者であることを充分に承知しているにもかかわらず、一方的に楽しそうにお喋りする常連客が何人もいるという現象は、こうした一連のプロセスがもたらしたと推定される。

4.2「やさしい日本語」

　最近、「やさしい日本語」への取り組みが注目されている（庵・イ・森 2013; あべ 2015 等）。「やさしい日本語」を目指す試みは、定住外国人に対する災害時における情報提供を出発点とし、従来わかりにくいとされてきた公文書をわかりやすく書き換える日本語調整が図られてきた。その後、「やさしい日本語」はその範囲を拡げ、市役所の窓口などの接触場面での話しことばの言い換え（桝田 2014）や、また外国人だけではなく、日本語を第二言語とするろう者を含めた様々な「日本語弱者」を対象とするようになった（岡 2014b）。「やさしい日本語」の取り組みでは、語彙・文法・談話といった各レベルにおいて、わかりやすい書き方・言い方を選択して、読み手・聞き手の理解を促進する。

　この観点から考えると、本書において観察された、ろう理容師に対峙する聴者の客による「口を大きく開ける、ゆっくり話すといった相手が読み取りやすいようにする工夫」（すなわち、CAT における「収束」ストラテジーに該当する）は、少数派による多数派言語獲得を支援するとの視点ではなく、多数派の側から自らの言語のハードルを下げるという意味において、「やさしい日本語」と同じ方向を目指すパラ言語的な手段であると捉えられるのではないか。

　近年、日本国内における在住外国人が激増している。上記の「やさしい日本語」も、こうした状況に対応して、その必要性が論じられ始めたものである。総務省は「多文化共生の推進に関する研究会報告書」(2006)において、地域における多文化共生とは「国籍や民族などの異なる人々が、互いの文化的ちがいを認め合い、対等な関係を築こうとしながら、地域社会の構成員として共に生きていくこと」と定義し、多文化共生を推進していくためには、日本人住民も外国人住民も共に地域社会を支える主体であるという認識をもつことが大切であると指摘する。この定義や指摘からは、総務省による「多文化共生社会」において共に生きていくパートナーとして想定されているのは、「国籍や民族などの異なる

人々」、すなわち外国人住民であると捉えられる。

いっぽう、木村(2010)は、ろう者と他の言語的少数者の関連性について、以下のように述べる。

> 日本手話は一方では日本の固有言語の一つである。他方で教育および社会生活に関してろう者が直面する言語問題は、母語と社会の多数派言語の双方の教育・使用に問題を抱える点、むしろ移住者の言語問題に類似する面がある。　　　　　　　　　　　（木村 2010: 14）

木村(2010)の見解を総務省による定義に適用すると、「ろう者と聴者とが互いの文化的ちがいを認め合い、対等な関係を築こうとしながら、地域社会の構成員として共に生きていくこと」も「多文化共生」と呼ぶことができるのではないか。

先述のように、本書に登場する言語的少数者としてのろう理容師たち、ならびに彼らを取り巻く社会における多数派言語の使い手である客たちは、状況に合わせて各種のストラテジーを柔軟に使い分け、双方から歩み寄る相互行為を行うことにより、必要十分なコミュニケーションを達成してきた。本書では、こうした実践を、多様なひとびとを受け入れる多文化共生社会の一つのモデルケースとして提示する。

5. 今後への展望

平成28年(2016)における全国のろう学校における理容科の在籍生徒数は32名(他に美容科1名)であり、ピーク期(昭和42年)における831名の5%にも満たない。同様に、卒業生たちが組織した全ろ理連の会員数も、平成26年度は112名とピーク期(昭和51年)における608名から激減している。

こうした状況下において、全ろ理連の西島理事長は「現会員の高齢化が進むにもかかわらず若い世代の入会者が少なく、さらに全国的にろう

学校理容科の廃止や募集停止が増えているため、全ろ理連の会員は、今後も減少していくでしょう」と語る。また、全ろ理連設立の中心的役割を果たした舘野さんも、後輩の減少や後継者不足を理由に挙げて「ろう理容店舗は衰退の一途をたどっているようです。せめて残された私達が共に協力しあって進んで行かなければならない時期に来ています」と悲観的な見通しを述べている。

　かつてのろう学校理容科は、ろう者が技術を身に付けて生涯にわたり自立できる資格を獲得できる場として、いわば花形的存在であった。ただしその人気が低下した理由には、ろう者の職業選択の範囲の拡大や、上級学校への進学といった発展的な要因も挙げることができる。したがって、ろう者の営む理容業の衰退は、当事者たちが寂寥の感を抱くのは当然ではあるが、必ずしも否定的な現象ではない。しかし、昭和 8 年に徳島県立盲聾唖学校理髪科が開設されて以来、現在に至るまでの 80 年以上にわたるろう学校理容科の定着、ならびにろう理容師たちの活躍の歴史を辿ると、理容業がろう者に適した職業であることは間違いない。

　第 6 章の 3 節で紹介する山本は、当事者の立場からろう理容の歴史について調査・研究中であり、各地のろう理容師団体やろうコミュニティにおいて講演するという形で、そこから得た成果をフィードバックしている。また 2017 年に開かれた日本手話学会第 43 回大会では、「日本におけるろう学校理容科の歴史と変遷」というテーマで、筆者と共同で研究発表を行った（山本・吉岡 2017）。その研究動機は次のとおりである。

山本さん：研究を始めた理由は、現在、全国にろう理容師の店がありますが、ろう者が理容の仕事をすることを誰が最初に思いついたのかはまったくわからない。また、どこのろう学校に理容科の第 1 号が開設されたのかなど、調べるといろいろな事が明らかになりました。こうした内容を知るチャンスはなかなかないため、自分だけでしまっておくのはもったいないと思います。調査・取材のため、

いろいろな地方に出かけたり、関係者に協力をいただいたり、素晴らしい出会いと発見の結果、資料がたくさん集まりました。それにプラスして、河原会長[5]が遺された多数の資料もあります。それらをまとめて講演会を開いたというわけです。

（山本さんインタビュー、2017.09.17）

　各地のろう理容師と接する機会の多い山本さんは、若いろう理容師の減少を目の当たりにし、意欲ある若手の育成のための「底上げ」が必要であると語る。

筆者：後輩に伝えたいことは？
山本さん：ろう理容師は減少傾向が続いていますが、ピンチはチャンスでもあります。全国にはまだまだ多くのろう理容師たちが頑張っている。その中には頑張っている若い人もいることがわかったので、そうした人たちが連帯できるように支援していきたい。若いろう理容師は、岡山では4、5人、全国で30人くらい？　詳しく調べれば、もっといるかな？
筆者：昔と比べると、理容科に進みたいと思う生徒が少ないようですね。
山本さん：そうなんです。以前は理容師は自立できる職業でしたが、今では独立開業が難しくなりました。また、理容師は技術を磨くために努力と辛抱の積み重ねが必要ですが、そのあたりが（今の若い人には）足らないのかな？　もっとコミュニケーションが要りますね。なんとか調べて、情報提供して連絡を取り合い、ろう理容師の生き残りをかけて全国的な底上げをしたいと思います。

（山本さんインタビュー、2017.09.17）

　山本さんの指摘通り、筆者が見学させていただいた宮城県立聴覚支援

学校の生徒たちの健闘ぶりや、鹿児島聾学校のホームページに掲載された九州地区聾学校理容技術学習交流会(2016)の様子からもわかるように、現在も少人数ではあるが理容師や美容師になりたいとの希望をもって積極的に学習しているろうの生徒たちが存在する。また、和歌山県立和歌山ろう学校高等部では、平成29年度に理容・美容科が新設された。このコースは、本科(3年)プラス専攻科(2年)の計5年間で理容師・美容師の両方の免許取得を目指すものであり、新しい試みとして注目される。ろう理容師の数が減少していくのは否めないが、理容業はろう者に適した職種の一つとして、ろうコミュニティの中で今後も継承されていくのではないだろうか。

　また全ろ理連では、2019年に創立50周年記念式典が執り行われる予定である。こうした大きな節目に立つ全ろ理連も、調査協力者各個人と同様に、これまでの活動を振り返って総括し、今後の展望を考察する時期を迎えているのではないだろうか。前述のように全ろ理連は、単一の職種に就くろう者が結成している全国的組織として世界的にも貴重な存在である。この集団を引き続きフォローすることにより、そのあり方や活動を報告したい。

1　第2章5節に全文を引用する。

2　理由(五)については、ろう者の性格を一般化している根拠が不明である。教育現場で得た実感であろうか。

3　全ろ理連を構成する地方組織の一つである。

4　Giles(2016)によれば、アコモデーション理論は、当初は使用する言語(またはその変種)やアクセントといった言語的要素を分析対象とするスピーチ・アコモデーション理論(Speech Accommodation Theory: SAT)として出発し、後にジェスチャー、視線、表情といった非言語的要素をも包含するCATへと発展した。さらに、現在では、対面によるコミュニケーションにとどまらず、eメールやツイッター、

チャットなどインターネットに媒介されるコミュニケーションも考察の対象とされる。

5 昭和 48 年 4 月 23 日から昭和 60 年 3 月 17 日まで全ろ理連理事長を務めた河原耕三氏。岡山県青鳥理容文化会の元会長でもある。

あとがき

　本書に関心をお寄せいただき、ありがとうございます。

　理容業がろう者に適しているとの先人の優れた着眼、腕の良いろう理容師たちが、多様なスキルと工夫および強固な連帯によって、耳が聞こえることを前提とした社会の中で闊達に生きてきた様子、またそれを取り巻く耳の聞こえる顧客たちも、自然な歩み寄りを行うことにより、両者が双方向のコミュニケーションを重ねてきた様子、そして、「多言語・多文化共生」などの概念が語られ始めるはるかに以前から、街のあちらこちらで日常的にそうした実践が続いてきた状況を、本書を通してお伝えできれば幸いです。

　手話を学び始めた頃の私は、「手と指で話せることば」に対する興味が大きいのみで、話者であるろう者の存在や、その独自の文化についてはまったく無知でした。たどたどしい手話でろうの方々と会話できるようになることは、とても楽しい経験でしたが、ときおり驚いたり不思議に思う事にも出会いました。

　その後、科目等履修生として入った東京外国語大学（当初は英語の勉強のために受講しました）で、木村晴美さん・市田泰弘さんの「ろう文化宣言」を知り、社会言語学や語用論等も学んだ結果、手話が日本語とはまったく異なる言語であること、その話者であるろう者たちは独自の文化を有する少数言語集団であることを知り、これまで自分が感じてきた疑問点は、異言語・異文化接触からもたらされたと理解しました。さらに、世界各地で隆盛となりつつある手話言語学研究に参加したくなり、同大大学院総合国際学研究科博士前期課程に入学し、箕浦信勝先生のご指導のもとで、語用論とくにポライトネスの視点から日本手話の研

究を行いました。

　手話話者同士の会話を調査分析するのも大変興味深い作業でしたが、しだいに私の関心は、ろう者と手話を知らない聴者とのコミュニケーションに向くようになりました。本文中で述べたように、聴覚障害者の出生率は約0.1パーセントといわれ、その中でも、手話を自身の言語とするろう者の比率はさらに低くなります。ろう者たちは、いったいどのようにして、自分たちのまわりに存在する圧倒的多数の聴者たちと意志疎通を図っているのでしょうか。博士後期課程を過ごした一橋大学大学院言語社会研究科では、このような観点からの研究を行いました。具体的な研究方法については、たいへん幸運なことに理容師という接客をともなう技術者であるろうの方々と知り合うことができ、ろう理容師を研究テーマに設定しました。

　好奇心のおもむくままに辿って来た道が、本書の刊行という形で実を結ぶには、ほんとうに多数の方々にお世話になりました。

　最初に調査協力者の皆様への感謝を述べさせていただきます。全国ろうあ理容連盟の西島伸夫さんには、とても参考になるお話を数多くお聞きしたうえ、同連盟会員の皆様にご協力いただいたアンケート調査にもご配慮いただきました。また、真間三男さん、真間政子さん、井上健さん、清田蜜男さん、清田育子さん、舘野弘さん、舘野勝枝さん、望月良晃さん、望月真弓さん、梅林由美子さん、山本直弘さん、山本美千代さんからは、たいへん興味深いお話を聞かせていただき、貴重な資料もお借りしました。井上さんは本書の表紙のイラストもてがけてくださいました。多文化間カウンセリングを実施する心理学者であるMurphy-Shigematsuは、カウンセリングの相手（クライエント）について次のように述べています。私もこのことばを借りて、協力者でありかつ大切な友人でもある方々に敬意と感謝をお伝えしたいと思います。

　クライエントについての研究というよりむしろ、クライエントとの

> 共同研究として、彼らに敬意に満ちた問いかけを行った。彼らは研究の対象ではなく、研究のプロセスにおけるパートナーであった。
>
> （Murphy-Shigematsu 2002: 日本語訳 36）

　ろう教育に携わる方々にも、いろいろな形でお力添えをいただきました。宮城県立聴覚支援学校には 3 年間にわたって見学の機会を頂戴し、理容科の先生方や生徒さんから丁寧なご説明と有益なお話をお聞きすることができました。静岡県立沼津聴覚特別支援学校も見学させていただき、調査協力者の中の 3 名が学んだ理容科の以前の様子をうかがい知ることができました。徳島県立徳島聴覚支援学校からは、理髪科設置当時の状況についてのお尋ねに対して貴重なご解答をいただきました。全国聾学校長会事務局の都立中央ろう学校長久保井礼先生（2015 年 1 月当時）のご厚意により、重要な資料である『聾学校理容科・美容科八十年の歩み』をご提供いただきました。

　桜井厚先生はじめライフストーリー研究会の皆様には、多様な研究視点に立脚した貴重なご助言を頂戴し、また活発なディスカッションに触発を受けました。

　日本貿易振興機構アジア経済研究所の森壮也先生からは、ろう者の視点に立ったご理解と有益なご助言をいただき、大きな励みになりました。

　本書の元となる一橋大学審査学位論文の執筆にあたり指導委員をご担当いただいた一橋大学大学院言語社会研究科の糟谷啓介先生とイ・ヨンスク先生は、本書のテーマにご関心を寄せてくださり、有意義なご指導と暖かい激励をいただきました。研究の過程においてはたびたび立ち止まることがありましたが、その都度、先生方のおことばに背中を押していただきました。

　本書は独立行政法人日本学術振興会平成 30 年度科学研究費助成事業研究成果公開促進費（課題番号：18HP5179）の助成により刊行することができました。ここに記して感謝いたします。

株式会社ひつじ書房の社長・編集長の松本功さんと、ご担当いただいた編集者の相川奈緒さんには、助成金申請の時点から校了に至るまでのプロセスのすべてにおいて、本当にお世話になりました。ひつじ書房の皆さんのおかげで、安心して作業を進めることができました。

　ひとりひとりのお名前は挙げきれませんが、他にもたくさんの方々に支えていただきました。皆様と知り合え充実した時間を過ごせたことは、研究者としてはもとより、個人としても大きな幸運でした。心から御礼申し上げます。

　主要な研究フィールドであり居住地でもある静岡県伊東市から、大学のある東京都国立市への長距離通学は、佐藤 (2008) の指摘する「対象者の住む現場での意味の世界」と「学問における意味の世界」とを、空間的にも心理的にもつなぐ時間でした。電車内でのたくさんの読書や思索を、懐かしく思い出します。そして、帰る場があることは、本当に気持ちが安らぎます。私にとって心地よい居場所である伊東手話サークル「ゆりかもめ」の皆さんと家族に、最後に心からの「ありがとう」を言わせていただきます。

2019 年春

吉岡　佳子

参考文献等

【書籍・論文等】

愛知県立名古屋聾学校(1994)「本校理容科56年の足跡をふりかえって」『研究紀要あしあと(第10集中間報告書)』

あべ・やすし(2015)『ことばのバリアフリー』生活書院

新井孝昭(2000)「『言語学エリート主義を問う』―『ろう文化宣言』批判を通して」現代思想編集部編『ろう文化』青土社

庵功雄・イヨンスク・森篤嗣編(2013)『「やさしい日本語」は何を目指すか―多文化共生社会を実現するために』ココ出版

伊藤清高 (2006)『理容店開業までの体験』手話通訳ビデオ演習シリーズ21-B, 全国手話通訳問題研究会(DVD)

伊藤政雄(1998)『歴史の中のろうあ者』近代出版

岩山誠(2013)「聴覚障害者の職場定着に向けた取り組みの包括的枠組みに関する考察」鹿児島大学リポジトリ『地域政策科学研究』Vol.10, 1–24

岡典栄・赤堀仁美(2011)『日本手話のしくみ』大修館書店

岡典栄(2014a)「ろう児に対する教育政策―障害児教育かマイノリティ言語教育か」佐々木倫子編『マイノリティの社会参加―障害者と多様なリテラシー』くろしお出版, 130–153

岡典栄(2014b)「ろう児に対する日本語教育と「やさしい日本語」」『公開シンポジウム「やさしい日本語」研究の現状とその展開発表予稿集』29–34

小田博志(2010)『エスノグラフィー入門―現場を質的調査する』春秋社

金澤貴之(2006)「聾教育という空間」ましこ・ひでのり編『ことば／権

力／差別』三元社 , 217–234

金澤貴之(2013)手話の社会学―教育現場への手話導入における当事者性を巡って』生活書院

亀井伸孝(2008)「ろう者における人間開発の基本モデル―アフリカのろう教育形成史の事例」森壮也編『障害と開発―途上国の障害当事者と社会』アジア経済研究所 , 200–228

川島清(2014)「デフファミリーに生まれた 1　ろう者の声」佐々木倫子編『マイノリティの社会参加―障害者と多様なリテラシー』くろしお出版 , 40–45

木村護郎クリストフ(2010)「日本における「言語権」の受容と展開」『社会言語科学』13(1), 4–18

木村晴美・市田泰弘(1995/2000)「ろう文化宣言―言語的少数者としてのろう者」現代思想編集部編(2000)『ろう文化』再録 , 青土社 , 8–17

木村晴美・市田泰弘(2000)「ろう文化宣言以後」レイン H. 編 , 石村多門訳(2000)『聾の経験―18 世紀における手話の「発見」』東京電機大学出版局 , 396–428

木村晴美(2011)『日本手話と日本語対応手話(手指日本語)―間にある「深い谷」』生活書院

クァク・ジョンナン(2015)「日本のろう教育は手話をどのように位置づけてきたか―日本語至上主義の批判的検討」『社会言語学』XV, 19–42

斉藤道雄(2016)『手話を生きる―少数言語が多数派日本語と出会うところで』みすず書房

坂本徳仁(2011)「聴覚障害者の進学と就労―現状と課題」『立命館大学生存学研究センター報告』16, 14–30

相良理(2005)『ふるさと神戸　相良理画集　ろうあ者が描いた昭和―戦争と平和…明日へ語り継ぐ』クリエイツかもがわ

桜井厚・小林多寿子(2005)『ライフストーリー・インタビュー―質的研

究入門』せりか書房

桜井厚(2012)『ライフストーリー論』弘文堂

佐々木倫子(2015)「バイリンガルろう教育実現のための一提案―手話単語つきスピーチからトランスランゲージングへ」『言語教育研究』Vol.5, 13–24

佐藤郁哉(2008)『質的データ分析法―原理・方法・実践』新曜社

杉野昭博(2014)「障害学とは何か―障害を当事者視点から考える」小川喜道・杉野昭博編著『よくわかる障害学』ミネルヴァ書房

全国聾学校理容科・美容科研究協議会(2013)『聾学校理容科・美容科八十年の歩み』

全国ろう児をもつ親の会編(2004)『ぼくたちの言葉を奪わないで！―ろう児の人権宣言』明石書店

全日本ろうあ連盟(1991)『「新しい聴覚障害者像を求めて』財団法人全日本ろうあ連盟出版局

高山弘房(1979)『聾教育百年のあゆみ』財団法人聴覚障害者教育福祉会

玉田さとみ(2011)『小指のおかあさん』ポプラ社

田門浩(2012)「手話の復権―手話言語法運動の背景と法的根拠を考える」『手話学研究』21, 81–96

中山慎一郎(2012)『東京近郊調査―聴覚障害者の言語使用の実態』日本言語政策学会2012年度大会第3分科会報告

那須英彰・須崎純一(1998)『藤本敏文』筑波大学付属聾学校同窓会，日本聾史学会(2004)報告書第3集

原順子(2011)「文化モデルアプローチによる聴覚障がい者への就労支援に関する考察―ソーシャルワーカーに求められるろう文化視点」『社会福祉学』51(4), 57–7

平田勝政・橋本亜沙美(2007)「戦前日本の聴覚障害児教育における職業教育と進路保障に関する歴史的考察―明治末～昭和戦前期の各種聾唖教育大会等の議論の検討を通して」『長崎大学教育学部紀要　教

育科学』71, 1–11

古石篤子(2004)「ろう児の母語と言語的人権」小嶋勇監修『ろう教育と
　　言語権─ろう児の人権救済申し立ての全容』明石書店 , 47–78

松岡和美(2015)『日本手話で学ぶ手話言語学の基礎』くろしお出版

宮城県立聴覚支援学校(2015)「平成 27 年度学校要覧」

文部省編(1958)『盲聾教育八十年史』日本図書センター

森格・齋藤昌久(2013)『仕事無音─聴覚障害者の社会参加と貢献の実態
　　リポート』古今社

桝田直美(2014)「話し言葉の「やさしい日本語」─会話における「やさ
　　しい日本語」研究の現状と今後の展開」『公開シンポジウム「やさ
　　しい日本語」研究の現状とその展開発表予稿集』23–28

やまだようこ(2013)「質的心理学の核心」やまだようこ・麻生武・サト
　　ウタツヤ・能智正博・秋田喜代美・矢守克也編『質的心理学ハンド
　　ブック』新曜社 , 2–23

山本直弘・吉岡佳子(2017)「日本におけるろう学校理容科の歴史と変遷
　　─設置の経緯と開設後の動向ならびに卒業生たちによる実践」『日
　　本手話学会第 43 回大会予稿集』10–11

米内山明宏(2000)『プライド─ろう者俳優米内山明宏の世界』法研

米倉満(2010)『床屋の真髄─男を高め、男を癒す銀座の老舗の技とサー
　　ビス』講談社

Abberley, Paul (1987) the Concept of Oppression and the Development
　　of a Social Theory of Disability. *Disability, Handicap & Society,* 2(1),
　　5–19.

Bernard, H. Russell (2002) *Research Methods in Anthropolopy:*
　　Qualitative and Quantitative Approaches, 3rd ed, Alta Mira Press.

Cyrus, Bainy et al. (2005) *Deaf Women's Lives,* Washington, D.C.:
　　Gallaudet University Press.

Dragojevic Marko, Gasiorek Jessica and Giles, Howard (2016) Accommodative Strategies as Core of Theory. In Giles, Howard (ed.) *Communication Accommodation Theory: Negotiating Personal Relationships and Social Identities across Contexts,* 36–59. Cambridge: Cambridge University Press.

Erting, Carol (1978) Language Policy and Deaf Ethnicity in the United States. *Sign Language Studies*, 19, Summer, 139–152.

Geertz, Clifford (1973) Thick Description: Toward an Interpretive Theory of Culture. In *The Interpretation of Cultures: Selected Essays,* 3–30. New York: Basic Books. (ギアーツ, C. 著, 吉田禎吾・柳川啓一・中牧弘允・板橋作美訳(1987)「厚い記述―文化の解釈学的理論をめざして」『文化の解釈学 I』岩波書店)

Giles, Howard (2016) The Social Origin of CAT. In Giles, Howard (ed.) *Communication Accommodation Theory: Negotiating Personal Relationships and Social Identities across Contexts,* 1–12. Cambridge: Cambridge University Press.

Jakobson, Roman (1963) *Essais de linguistique générale.* Paris: Éditions de Minuit. (ヤコブソン R. 著, 川本茂雄監修(1973)『一般言語学』みすず書房)

Ladd, Paddy (2003) *Understanding Deaf Culture: In Search of Deafhood,* Bristol: Multilingual Matters, Ltd.(ラッド P. 著, 森壮也監訳(2007)『ろう文化の歴史と展望』明石書店)

Ladd, Paddy and Lane, Harlan (2013) Deaf Ethnicity, Deafhood, and Their Relationship. *Sign Language Studies,* 13 (4), 565–579.

Lane, Harlan (1984) *The Deaf Experience: Classics in Language and Education.* Harvard Univ. Press. (レイン H. 著, 石村多門訳(2000)『聾の経験―18 世紀における手話の「発見」』東京電機大学出版局)

Lane, Harlan (1992) *The Mask of Benevolence: Disabling the Deaf*

Community. Dawn Sign Press. (レイン H. 著, 長瀬修訳(2007)『善意の仮面─聴能主義とろう文化の闘い』現代書館)

Lane, Harlan (1995) Construction f Deafness. *Disability & Society,* 10 (2), 171–190.

Murphy-Shigematsu, Stephen (2002) *Multicultural Encounters: Case Narratives from a Counseling Practice,* New York: Teachers College Press. (マーフィ重松 S. 著, 辻井弘美訳(2004)『多文化間カウンセリングの物語(ナラティブ)』東京大学出版会)

Nakamura, Karen (2006) *Deaf in Japan.* New York: Cornell University Press.

Nida, Eugene (1964) *Toward a Science of Translating: With Special Reference to Principles and Procedures Involved in Bible Translating,* Leiden: E.J. Brill.

Obasi, Chijioke (2008) Seeing the Deaf in "Deafness". *Journal of Deaf Studies and Deaf Education,* 13 (4). 455–465.

Oliver, Michael (1996/2009) *Understanding Disability.* Palgrave Macmillan.

Ong, Walter J. (1982) *Orality and Literacy,* The Technologizing of the Word, Methuen. (オング W.J. 著, 桜井直文・林正寛・糟谷啓介訳(1991)『声の文化と文字の文化』藤原書店)

Padden, Carol and Humphries Tom. (1988) *Deaf in America: voices from a culture,* Harvard University Press.(パッデン C., ハンフリーズ T. 著, 森壮也・森亜美訳(2003)『「ろう文化」案内』晶文社)

Pinker, Steven (1994) *The language instinct: How the mind creates language.* New York, William Morrow and Company. (ピンカー S. 著, 椋田直子訳(1995)『言語を生みだす本能(上)(下)』日本放送出版協会)

Schein, Jerome D. (1989) *At Home Among Strangers.* Gallaudet

University Press.

Stokoe, William C.（1960）Sign Language Structure: An Outline of the VisualCommunication Systems of American Deaf, *Studies in Linguistics,* OccasionalPaper;（8）. Buffalo, NY: University of Buffalo reprinted by Journal of DeafStudies and Deaf Education, 10.1 Winter, 2005. 3–37.

Stokoe, William C., Jr.（1969）Sign Language Diglossia. *Studies in Linguistics,* 21（1969-70）. 27–41.

Woodward, James C.（1989）How You Gonna Get to Heaven if You Can't Talk with Jesus. In: Wilcox S.（ed.）*American Deaf Culture,* Linstok Press.（ウッドワード J.C. 著，鈴木清史・酒井信雄・太田尊男訳(2001)「もしイエス様と話せなかったら、どうして天国へ行けるの」ウィルコックス S. 編『アメリカのろう文化』明石書店，243–254）

【全国ろうあ理容連盟ならびに関連団体発行資料】
第 1 回全国ろう理容師大会記念誌　昭和 52 年(1977)
第 2 回全国ろう理容師大会（創立 10 周年記念祝典）記念誌　昭和 54 年(1979)
第 3 回全国ろう理容師大会記念誌　昭和 56 年(1981)
第 4 回全国ろう理容師大会記念誌　平成 13 年(2001)
第 5 回全国ろう理容師大会記念誌　平成 17 年(2005)
第 6 回全国ろう理容師大会記念誌　平成 19 年(2007)
第 7 回全国ろう理容師大会記念誌　平成 23 年(2011)
第 8 回全国ろう理容師大会記念誌　平成 25 年(2013)
第 9 回全国ろう理容師大会記念誌　平成 27 年(2015)
全国ろうあ理容連盟創立 20 周年記念式典誌　平成元年(1989)
全国ろうあ理容連盟創立 40 周年記念大会誌　平成 21 年(2009)

第 1–15 回全国ろう理容競技大会誌　昭和 47 年（1972）– 平成 14 年（2002）

全ろ理タイムズ　昭和 45 年（1970）– 平成 23 年（2011）

静岡県聴力障害理容協会創立 50 周年記念誌　平成 26 年（2014）

【ウェブサイト】

鹿児島県立鹿児島聾学校「第 8 回　理容美容学生技術大会九州地区大会（福岡）」〈http://kagoshima-a-ss.edu.pref.kagoshima.jp/karou/article/2016082200151/〉2018.09.24

厚生労働省（2008）「平成 18 年身体障害児・者実態調査結果」〈http://www.mhlw.go.jp/toukei/saikin/hw/shintai/06/〉2018.09.24

厚生労働省（2015）「平成 26 年度衛生行政報告例の概況」〈http://www.mhlw.go.jp/toukei/saikin/hw/eisei_houkoku/14/〉2018.09.24

国立国会図書館 日本法令索引 法令沿革一覧 理容師法〈http://hourei.ndl.go.jp/SearchSys/viewEnkaku.do?i=1hiiNtllQDUVF8qHyqho%2FQ%3D%3D/〉2018.09.24

全国生活衛生営業指導センター「統計資料―生衛ハンドブック 生活衛生関係営業資料 2013 年版」〈http://www.seiei.or.jp/db-toukei/shb2013.html/〉2018.09.24

全国聴覚障害教職員協議会〈http://www.normanet.ne.jp/~zen-cyo/〉2018.09.24

全国理容生活衛生同業組合連合会〈http://www.riyo.or.jp/〉2018.09.24

全日本ろうあ連盟〈https://www.jfd.or.jp/〉2018.09.24

総務省（2006）「多文化共生の推進に関する研究会報告書～地域における多文化共生の推進に向けて～」〈http://www.soumu.go.jp/kokusai/pdf/sonota_b5.pdf/〉2018.09.24

日本手話学会「倫理綱領」〈http://jasl.jp/modules/pico/index.php?content_id=5/〉2018.09.24

日本聴覚障害公務員会〈http://www.choukoukai.net/〉2018.09.24

久松三二（2010）「インクルーシブ教育におけるろう学校のあり方について」特別支援教育の在り方に関する特別委員会（第3回）配付資料 文部科学省〈http://www.mext.go.jp/b_menu/shingi/chukyo/chukyo3/044/attach/1297399.htm/〉2018.09.24

一橋大学大学院言語社会研究科「一橋大学大学院言語社会研究科の研究倫理に関する基本理念と方針」〈http://gensha.hit-u.ac.jp/general/ethic-policy.html/〉2018.09.24

水野映子（2007）『聴覚障害者の職場におけるコミュニケーション―聴覚障害者・企業対象の調査にみる現状と課題』第一生命研究所，ライフデザインレポート〈http://group.dai-ichi-life.co.jp/dlri/ldi/report/rp07/〉2018.09.24

宮城県立聴覚支援学校〈http://miyaro-s.myswan.ne.jp/miyaro.html/〉2018.09.24

明晴学園〈http://meiseigakuen.ed.jp/index.html/〉2018.09.24

文部科学省（2016）「平成27年度特別支援教育に関する調査の結果について」〈http://www.mext.go.jp/a_menu/shotou/tokubetu/material/1370505.htm/〉2018.09.24

文部科学省（2017）「特別支援教育資料（平成28年度）」〈http://www.mext.go.jp/a_menu/shotou/tokubetu/material/1386910.htm/〉2018.09.24

理容師美容師試験研修センター〈http://www.rbc.or.jp/2006/11/post_10.html/〉2018.09.24

和歌山県立和歌山ろう学校〈https://www.wakayama-sd.wakayama-c.ed.jp/ko.html#menu/〉2018.09.24

Deafhood. What is Deafhood.〈http://www.deafhoodfoundation.org/Deafhood/Deafhood.html/〉2016.10.22

Grund, Robert R.（2010）TOGETHER: Special Training Centre for Deaf, Blind and Nondisabled Children Hamhung e.V.〈http://www.

together-hamhung.org/PDF/wfd%20delegation%20to%20DPRK.
pdf/〉 2015.07.20

Hairston, Ernest E. (2008) . In Education, Transition, and Life:
Teachers Made the Difference. 〈 https://dcmp.org/learn/90/〉
2018.09.24

SASSOON ACADEMY. 〈http://www.sassoon-academy.com/en/
academy/uk/〉 2018.09.24

Young, Stella. (2014) I'm not your inspiration, thank you very much
(Filmed April 2014 at TEDxSydney) 〈https://www.ted.com/talks/
stella_young_i_m_not_your_inspiration_thank_you_very_much/
transcript?language=en/〉 2018.09.24

巻末資料：アンケート用紙

全国ろうあ理容連盟会員の皆様

　私は現在「ろう理容師たちのライフストーリー」というテーマで研究を進めております。このたび、全国ろうあ理容連盟会員の皆様を対象としたアンケート調査を実施させていただきたいと理事長西島伸夫様にお願いし、許可していただきました。お忙しいところ申し訳ありませんが、次の質問のお答えを記入し、この用紙をFAXでご返送いただきますようお願い申し上げます。なお、調査の内容は研究以外の目的には決して使用しません。

FAX番号　＊＊＊＊＊一橋大学言語社会研究科　大学院生　吉岡　佳子
住所 [e-mail: xxxxxxxx]

1.　出身校と卒業年度をお答えください。
　　（例：○○ろう学校理容科昭和○○年卒業）
　　（　　　　　　　　　　　　　　　　　　　　　　　　　）

2.　あなたのお店は自営ですか？雇われていますか？
　　（○をつけてください。）
　　ア．自営　　　　　イ．雇われている

3.　あなたのお店に理容師は何人働いていますか？
　　（○をつけてください。）
　　ア．1人　　　　　イ．2人　　　　　ウ．3人以上　（　　　人）

4. 今のお店で働き始めてから、今年で何年目ですか？
   （　　　　年目）

5. あなたのお店のお客様全体（100％）のうち、常連のお客様は何％くらいですか？
   また、その中で、ろう者と聴者はだいたい何％くらいですか？
   常連客（　　　％くらい）　　ろう者（　　　％くらい）
   聴者（　　　％くらい）

6. 聴者のお客様とのコミュニケーションには、どのような方法を使っていますか？
   （使っている方法に○をつけてください。○はいくつでもかまいません。）
   ア．口話　　　　イ．身ぶり　　　　ウ．写真・イラストなど
   エ．筆談　　　　オ．手話　　　　カ．その他　（　　　　　　　　　）

7. ろう学校での口話教育は理容師の仕事に役立っていますか？
   （○をつけてください。）
   ア．とても役立っている　　　　　イ．まあまあ役立っている
   ウ．少し役立っている　　　　　　エ．役立っていない

8. 理容師の仕事を選んだ理由、良かったこと、苦労、工夫など、自由に書いてください。

ご協力ありがとうございました！

索引

あ

（岡山県）青鳥理容文化会
　　　　　149–150, 178–180

秋田（忠雄）　30–31, 37, 193–196

アコモデーション・ストラテジー　200

い

医学モデル
　　　　　5–7, 12–13, 17–19, 142, 170–175, 183,
　　　　　196–197

インスピレーション・ポルノ
　　　　　18, 37, 142

（ライフストーリー）インタビュー
　　　　　42–55, 57–84, 87–98, 188–190

インペアメント
　　　　　5, 12–13, 15, 20, 171, 174, 197, 199

う

ヴィダル・サスーン・アカデミー
　　　　　126–133

え

エスノグラフィー　40–41, 188

お

（客との）お喋り（世間話）
　　　　　91, 97, 119, 131, 139, 142, 145, 182, 191–
　　　　　192, 202

か

（ヘア）カタログ
　　　　　95–96, 106, 109, 138, 140–141, 191

き

キュード・スピーチ　144, 146

京都盲唖院　23, 27, 37

け

形式的等価性　47–49

研究倫理　54

言語的少数者
　　　　　2, 6–7, 12, 15, 16, 19–20, 40, 51, 183,
　　　　　187, 197–199, 204

現場の言葉　45–46

こ

後期手話話者　9–10, 44–45, 47, 64, 67, 188

（聴覚）口話教育
　　　　　2, 5, 7–8, 18, 23–26, 31, 57–64, 83, 91–
　　　　　93,131, 137, 143-145, 147, 183, 187–
　　　　　188, 190–196, 201

コーダ　146

（理容師）国家試験
  71–72, 76–80, 83, 128, 179, 189–190,
  193

小西信八　29

コミュニケーション・アコモデーション理論
  （Communication Accommodation
  Theory: CAT）　199–203, 207

混成手話（中間手話）　9, 47–48

さ

3・3声明　62

し

質的研究法　39–40, 50, 188

質的調査　2, 43, 187

社会モデル
  5–7, 12–14, 17–21, 170, 172–175, 183–
  184, 197,199

集団社会モデル
  6–7, 12, 17, 20–22, 170, 175–176, 184,
  197,199

集団モデル
  6–7, 12, 17, 20–22, 170, 175–176, 197,
  199

手話・口話論争　22–23

手話通訳
  6, 51–52, 84–85, 108, 153–155, 164,
  174–176, 185, 190, 193, 198–199

情報保障
  6, 147, 155, 174–176, 184, 192–193,
  198–199

身体障害者雇用促進法　35, 170

せ

世界ろう連盟
  （World Federation of the Deaf：WFD）
  1, 147

全国理容生活衛生同業組合連合会
  （全理連）　152, 155

全国聾学校理容科・美容科研究協議会
  156–157

全国ろう理容競技大会（競技大会）
  111, 160–162, 164–166, 174–175

全国ろう理容師大会（全国大会）
  2, 41, 52, 88, 157–160, 164–174, 197–198

全日本ろうあ連盟（全日ろう連）155–156

そ

早期手話話者　9–10, 44–45, 47, 57, 188

た

第一言語　11, 25, 27, 36

ダイグロシア　14

多文化共生　187, 203–204

ち

（格安・低価格）チェーン店
  36, 98, 120, 134, 170

て

ディスアビリティ
  5, 12–14, 171, 174–175, 183, 199

手勢法（てせいほう）	23, 37
デフ・エスニシティ	41
デフフッド	16, 37, 182, 184
デフ・ボイス	92

と

動的等価性	47–49
トータルコミュニケーション	144
徳島県立盲聾唖学校	
	2, 30–31, 76, 148, 193–194

に

日本語対応手話（手指日本語）	
	9, 11, 18, 27, 36, 47–48, 51, 144
日本手話	
	9, 11, 16, 19, 47–48, 51, 197, 204

ひ

筆談	
	31, 70, 94–95, 102, 105, 109, 117–118,
	121, 129–130, 133, 136, 138, 140–141,
	145, 153, 166, 191, 201

ふ

分厚い記述	45, 55
文化言語モデル	
	6–7, 12, 14–16, 18–21, 170, 172–175,
	183–184, 197–199

ほ

ボランティア（活動）	89, 149, 198
翻訳	45–50

め

明晴学園	27

や

（全ろ理連）野球・ソフトボール大会	
	162–166
やさしい日本語	203
山尾庸三	28

ゆ

ユニセックス・ヘア・サロン	
	98, 125–129, 190

ら

ライフストーリー	43

り

理論の言葉	45–46

ろ

ろうコミュニティ	
	6, 11, 12, 21, 25, 41, 70, 176–177, 184,
	207
ろう文化	6, 15–16, 176, 182, 184
ろう文化宣言	6, 16, 19–20, 197
ろう理容師	11

【著者紹介】

吉岡佳子（よしおか よしこ）

1952 年滋賀県近江八幡市生まれ。京都大学農学部卒業後、翻訳業に従事。埼玉県春日部市主催手話講習会受講（1992 年）を契機に手話学習および通訳活動を経験。2012 年東京外国語大学大学院総合国際学研究科博士前期課程修了（修士論文「日本手話におけるポライトネス」）。2017 年一橋大学大学院言語社会研究科博士後期課程修了（学位論文「ろう理容師たちのライフストーリー」）。博士（学術）。おもな訳書『生命＝偶然を超えるもの』（W.H. ソープ、海鳴社、1979）、『ホロン革命』（共訳）（A. ケストラー、工作舎、1983）他。静岡県伊東市手話サークル「ゆりかもめ」会員。

ろう理容師たちのライフストーリー
Life Stories of Deaf Barbers in Japan
Yoshioka Yoshiko

発行	2019 年 2 月 15 日　初版 1 刷
定価	4400 円＋税
著者	ⓒ 吉岡佳子
発行者	松本功
ブックデザイン	上田真未
イラスト	井上健
印刷・製本所	株式会社 シナノ
発行所	株式会社 ひつじ書房

〒 112-0011 東京都文京区千石 2-1-2　大和ビル 2 階
Tel.03-5319-4916　Fax.03-5319-4917
郵便振替 00120-8-142852
toiawase@hituzi.co.jp　http://www.hituzi.co.jp/

ISBN 978-4-89476-955-7

造本には充分注意しておりますが、落丁・乱丁などがございましたら、小社かお買上げ書店にてお取りかえいたします。
ご意見、ご感想など、小社までお寄せ下されば幸いです。